# 自閉症児と絵カードでコミュニケーション
## PECSとAAC

アンディ・ボンディ／ロリ・フロスト 著
園山繁樹／竹内康二 訳

A Picture's Worth
PECS and Other Visual Communication
Strategies in Autism

二瓶社

A Picture's Worth
PECS and Other Visual Communication Strategies in Autism
Copyright © 2002 by Andy Bondy & Lori Frost
Japanese translation rights arranged with Writers House LLC and Woodbine House, Inc., Bathesda, Maryland, USA through Owl's Agency, Inc.

# 目　次

謝　辞　v
序　　　vii

第1章
コミュニケーションとは何か？ ……………………………………… 1

第2章
コミュニケーションというコインのもう一つの面：理解 ……… 13

第3章
話すことができないのか？
　コミュニケーションができないのか？ ……………………… 23

第4章
なぜ彼女はそうしたのか？
　行動とコミュニケーションの関係 …………………………… 35

第5章
拡大・代替コミュニケーションシステム ……………………… 51

第6章
絵カード交換式コミュニケーションシステム（PECS）：
　最初のトレーニング …………………………………………… 79

第7章
PECSの上級レッスン …………………………………………… 111

第8章
理解を促すための視覚的方略の活用 …………………………… 143

用語解説　　167
訳者あとがき　　170
訳者紹介　　175

## 謝　辞

　本書の出版にあたり、まずこれまでに出会ったすべての子どもたちに感謝の意を表したいと思います。子どもたちからはたくさんのことを教えられました。また、私たちの子どもたちにも感謝します。レイナ、ジョン、アレクシス、サムは、私たちが遠方の学校や家庭を支援するために出かけて行くことを理解し、サポートしてくれました。私たちの両親にも感謝します。私たちがたびたび遠い外国に出かけねばならないとき、いつも子どもたちの面倒をみてくれました。私たちの声を多くの人々に聞いてもらうことができたのは（また、私たちの絵カードを見てもらうことができたのも）、ひとえにピラミッド教育コンサルタント社の社員の皆さん全員の温かい理解と支援があったからです。彼らは私たちと同じビジョンを持ち、献身的に力を貸してくれました。そして、たくさんの時間を割いて私たちと一緒に考え、また一緒に課題に取り組んでくれました。彼ら一人ひとりに衷心からの感謝を表します。

## 序

　私（アンディ・ボンディ）がカートのことをはじめて聞いたのは、地域の子ども病院に勤めている友人からでした。彼は次のような話をしました。「私の病院のスタッフは、その3歳の男の子のために、ヘルメット、肘・手首・膝のプロテクターなどの付いた鎧のような防具を作ったんだ」。どうしてそんなに防具を着けるのかと私が尋ねると、その友人は「その子をその子自身から守ってやるためさ！」と答えました。私も自傷をする子どももそれまでたくさん見てきましたが、そのように小さい子はいませんでした。彼は翌日、私たちの学校にやってくることになっていました。

　カートと一緒に学校にやってきた母親はとても優しそうな人に見えましたが、不安そうな表情も浮かべていました。彼女は私たちに次のようなことを話しました。カートはまだ話せないこと、好きなことはたくさんあるが、それらをほとんどいつも一人でしていること。そして、彼女がカートの「爆発」について話し始めたとき、彼は母親の膝の上で静かにしていましたが、突然小さな音を立てて膝から下り、硬いタイルの床に自分の額をドンと打ちつけたのです。私が捕まえようとすると、ドアを目がけて走り出しました。何とか捕まえて抱きかかえると、彼はすぐに私の顔を引っ掻き、あごひげを引っ張りました。私は彼を抱きかかえたまま、彼の手が私の顔から離れるように、彼の身体を逆向きにしました。そうすると今度は、私のお腹を後ろ向きのまま蹴り始めたのです。たまりかねた私はカートを下ろしたのですが、すぐさま彼はジャンプして膝から床に落ちました。そして、ドアに顔面からぶつかっていき、外に逃げていってしまいました。これらは、たった1分間の出来事でした。その間、母親は静かに座り、どうしてよいかわからないといった様子でした。この部屋にいた他の専門職たちもみな同じ様子でした。

ここで紹介した場面では、何が問題でしょうか？　カートは自閉症と診断された幼児です。3歳になっていますが、まだ話すことができません。コミュニケーションの困難が、彼の行動問題と関係していたのでしょうか？　彼の行動問題が、コミュニケーションの困難に影響していたのでしょうか？　彼のコミュニケーションの困難は、話す能力がないことだけによって起きているのでしょうか、それともこの問題はもっと根が深いのでしょうか？　そして、彼の母親、家族、専門スタッフが、カートを助けるためにどのような方法をとることができるのでしょうか？

　私たちが本書を執筆した目的は、自閉症スペクトラム障害の人を含め、カートのような話せない子どもや大人たちが示すコミュニケーションの困難について、両親や専門職の人たちに理解を深めてもらうためです。本書の前半では、言葉を用いない人たちの特徴のいくつかを説明し、コミュニケーションの理解について、私たちのアプローチを具体例をあげながら紹介します。また、コミュニケーションとさまざまな行動問題との関係についても解説します。続いて、手話の使用やそれほど公式なものではないかもしれませんが身振りの使用、絵やシンボルを用いたシステムなど、いくつかの介入方法を紹介します。そこで紹介するものの中には、ローテクなもの（写真や線画を利用）からハイテクなもの（音声出力装置などの電子機器を利用）まであります。またそれらの方法を紹介しながら、そのアプローチがその子どもや大人に適しているかどうかをアセスメントする方法も説明します。最後の3章では、視覚的手がかりを用いて指示の理解を促進する方法や、「待つこと」の学習に関連した問題や移動の問題を取り上げます。また、これらの方法がさまざまな動機づけ方略の有効性を高めることについても説明します。

　コミュニケーションのための話し言葉の獲得が他の方法では困難な子どもたちを支援するために、私たちが本書を執筆した理由は何だったでしょうか？　その答えを考えてもらうために、カートの後日談を紹介しましょう。

あれからカートは、公立学校で実施されている集中的な特別訓練プログラムに毎日通うことになりました。担当となった教師たちはまず、カートが好きな物や、彼が周囲に注意を向けるようにするために有効なやり方を書き出し、整理しました。カートは他の人が言うことやすることを模倣する学習が必要なのに、このプログラムの開始時点で、彼はまだこれらのスキルを獲得していないことは明らかでした。最初の数日間は、絵カード交換式コミュニケーションシステム（PECS：the Picture Exchange Communication System）の訓練が実施されました。第1回の訓練セッションで、カートは塩味ビスケット（彼の好物）の絵カードを教師に落ち着いて手渡せるようになりました。この訓練は、教師からの問いかけは一切ない形で実施されました。つまり、カートは教師がビスケットを持っているのを見ただけで、自発的にその絵カードを手渡せるようになったのです。続く2、3日の訓練で、彼は他の好物を要求するために、それぞれの絵カードを手渡すことを学習しました。

　次に彼は、単文を作るために、台紙に2枚の絵カードを並べることを学習しました。さらに、要求する際にある属性を明確にすることも学習しました。たとえば、「大きなビスケットが欲しい」といったような形でコミュニケーションできるようになりました。このように、物を要求する新しい方法を学習しながら、教室の中で簡単なことを教師に伝える学習もしました。この時点で、両親は家庭でもPECSを導入し、カートが家族とコミュニケーションできるようにしました。カートは学校でも家庭でもとても落ち着いた状態になり、ほんのまれにしかかんしゃくは起きなくなりました。なぜなら、いまやカートは人に自分の欲しい物を伝えるための、効果的で簡単な方法を身に付けたのですから。

　カートのように非言語コミュニケーションシステムを使うと、話す学習が妨げられるのではないかと、心配する人もたくさんいます。この問題については本書の中で詳しく述べますが、ここで言えることは、視覚的なシ

ステムが話す能力の発達を妨げたり抑制することを示す証拠はないということです。逆に、視覚的なシステムを用いることによって、話す能力の発達にもよい影響があると示唆する研究結果が増えています。ここで紹介したカートは、まだ話せるようにはなっていませんが、効果的なコミュニケーションができるようになりました。しかし、本書の重要な目的は、必ず話せるようになる方法を強調することではないのです。本書では、子どもたちが効果的なコミュニケーションができるように支援する方法を扱っているのです。

　私たちが強調したいのは、機能的コミュニケーション（functional communication）、すなわち、直接的な強化子（欲しい物）や社会的な強化子（誉められたり、好きなことをしてもらう）を手に入れるために他の人に直接働きかける能力を、子どもたちが学習するよう支援することです。コラム1は、私たちが特に重視している機能的コミュニケーションスキルです。

　子どもたち（大人も）が機能的コミュニケーションスキルを獲得すれば、彼らの生活（彼らの家族や教師の生活も）は今よりもはるかに豊かになるはずです。

### コラム1：重要な機能的コミュニケーションスキル

| 表出の重要な<br>コミュニケーションスキル | 理解の重要な<br>コミュニケーションスキル |
| --- | --- |
| 強化子（望んでいる物や活動）を要求する | 指示に従う |
| 助けを求める | スケジュールに従う |
| 休憩を求める | 待つ |
| 「〜が欲しいの？」に対して「いいえ」と答える | 移動 |
| 「〜が欲しいの？」に対して「はい」と答える | 応答 |

# 第1章

# コミュニケーションとは何か？

　私はアンナが2歳2ヵ月のときからかかわりを持っています。彼女は大きな青い目をしていて、私が教室に入っていくと、いつもその大きな目で私を見つめます。私たちがはじめて会った日、私は彼女の方に歩いていき、彼女を抱き上げました。彼女はすぐに微笑んでくれました。そこで私は彼女を抱き上げたままゆっくりと回転させました。彼女は笑い声を上げながら頭を後ろに反らしました。私たちはこの遊びを数分間しました。翌朝、私が部屋に入ると、アンナは私の方に駆け寄り、両手を差し出しました。そこで私は彼女が次にどうするかを見るために、そのままちょっと待ってみました。すると彼女は、言葉や音声は発しなかったのですが、両手を差し出したまま、私の靴の上にまで近寄ってきたのです！　結局、彼女の差し出した腕と訴えるような目が私に勝ち、私は彼女を抱き上げ、昨日のようにクルクルと回転させたのです。アンナは言葉を話さなかったのですが、私は彼女がしたいことを間違いなく理解できていたのです。

　コミュニケーションの本質とは何でしょうか？　人がコミュニケーションをするために、話し言葉は必要なのでしょうか？　話し言葉の使用以外にコミュニケーションの方法はないのでしょうか？　話し言葉を持たない多くの人たちにとって、重要な問題がいくつかあります。これらの問題に私たちがどう答えるかは、その問題をどう解決するか、またそのために何をするかを左右します。

　ウェブスター大学生用辞典（Webster's Collegiate dictionary, 1988）で

はコミュニケーションを、「シンボル、サイン、あるいは行動による共通のシステムを用いて、人々の間で情報を交換すること」と定義しています。ここでの共通のシステムとは、通常、言語（language）を意味しています。一方、言語は、「考えを伝え、自分の欲しい物や必要なことを表現するために我々が使うようになる記号」と定義されています（New Jersey Speech-Language Hearing Association, 2001）。言語には、英語のように話され筆記される言葉で構成されているものもあれば、身振り（アメリカ手話）やシンボル（点字）、その他の記号によって構成されているものもあります。

言語聴覚士の報告書を読めば、コミュニケーションのためには次の2種類の言語スキルが必要であることがわかるでしょう。

- 表出性コミュニケーション（expressive communication）：メッセージを伝えるために言語を用いる
- 受容性コミュニケーション（receptive communication）：他者からのメッセージを理解する

第1章ではこのうち、メッセージを伝えるためにコミュニケーションスキルを用いること（表出言語）に焦点を当てます。他者のコミュニケーションを理解すること（受容言語）については、第2章で取り上げます。

日常語として、私たちは一般に、考えていることや感じていることを伝える行為をコミュニケーションと呼んでいます。実際、私たちは、まず考えたり感じたりし、その後でそれらを言語によって表現する、というように捉えているのではないでしょうか。たとえば、誰かが話しているのを聞くとき、私たちはその人の考えや感情について知っていると信じています。しかし、この捉え方についてもう少し突っ込んで考えてみると、私たちは聞くという行為を通して、相手が話した言葉についてだけ知っているにすぎないことがわかるでしょう。私たちは、相手が考えていることそのものに触れることはできないのです。私とあなたが話し合っているとき、私が

話した言葉をもしあなたが理解できなければ、あなたは私に質問したり、「こうではないか？」といった言い方をするでしょう。そうしたことによって、私が話したことへの理解が少しは深まるでしょう。しかしそれでも、私の考えていることを直接知ることにはならないのです。重度のコミュニケーション障害を持つ子どもにあなたがかかわる際には、その子どもが考えたり感じていることを理解するのが難しい、ということを体験するはずです。このように分析したからといって、人々が何も考えず、感情や考えを持っていない、というわけではありません。ここで言いたいのは、私たちは他の人がしたり話したことだけを知ることができる、ということです。つまり、それ以上のことは私たちの推測や解釈なのです。

## コミュニケーション行動

　自閉症の子どもたちにコミュニケーションスキルやその他のスキルを教えるもっとも効果的な方法の一つは、応用行動分析学（ABA: applied behavior analysis）と呼ばれるものです。わかりやすい言い方をすれば、行動分析学は行動を環境との関係として系統的に研究する学問であり、行動に先行する事象（**先行事象** antecedents）と行動に後続する事象（**結果事象** consequences）との関係に基づいて行動を理解します。たとえば、急に風が吹いて、あなたの子どもの目にほこりが入った（先行事象）とすると、その子は泣く（行動）でしょう。そしてあなたにティッシュペーパーを取ってくれるよう頼み（行動）、あなたは急いでティッシュペーパーをその子に渡す（結果事象）でしょう。

　スキナー（B.F. Skinner）は行動分析学の先駆的な研究を数多く残した心理学者ですが、彼は、単純な行動から複雑な言語まで、あらゆる行動（障害を持つ子どもや大人の行動も含め）は系統的な方法で研究できると教えています。1957年に出版した本の中で、彼はさまざまなタイプのコミ

ュニケーション行動が環境事象と関係していることを体系的に示しています。その環境事象には、私たちの周りにある事物や、他者が私たちに向かって話すことなどが含まれています。スキナーが構築した理論の完全な分析はかなり複雑ですが、彼の理論のいくつかを理解することは、話し言葉の使用や、コミュニケーションが困難な子どもを支援する上で、とても役に立ちます。

## 先行事象と結果事象によるコミュニケーションの分析

　行動分析家は調査報道記者によく似ています。小学校で私たちは、よい新聞記事とは「何が」起こったかだけでなく、その出来事が「どのように」「いつ」「どこで」「なぜ」起こったかを伝えることだと学びました。行動を分析する際にも、私たちは何が起きた（行動）かだけでなく、なぜその行動が起きたかはもちろん、どのように、いつ、どこで、その行動が起きたかを知ろうとします。

### どの行動がコミュニケーションか？

　コミュニケーション行動を研究する場合、最初に定義すべきことは、コミュニケーション行動は他の行動とどのような点が異なっているかです。すべての行動がコミュニケーションに関係しているわけではないので、コミュニケーションと呼ばれる行動の特徴をまず明確にすべきでしょう。たとえば、子どもが台所に入ってきて、冷蔵庫の方に歩いていき、そのドアを開け、缶ジュースを取り出し、それを飲んだとします。この場合、その環境にあるさまざまな物に行為をし、それらの行為は缶ジュースを飲むことで強化された、と言えます。しかしこの場合、コミュニケーションと考えられるものは一つもありません。その子は環境に直接行為を及ぼしただけです。もしあなたがその子の様子を見ていた（子どもからは見られないように）としたら、その子が缶ジュースを飲んだという行為から、その子

はのどが渇いていたんだとか、ジュースが欲しかったんだと、あなたは解釈するでしょう。しかし、そう解釈できたとしても、彼の行動は伝達的とは言えません。あなたが解釈したことと、その子どもがそのように行動した本当の理由は区別しなければならないのです。この例では、缶ジュースを手に入れることには、コミュニケーションは含まれていません。

今度は、ある子どもが台所に入っていき、母親に近づき、「ジュース！」と言う場面を考えてみましょう。母親は冷蔵庫から缶ジュースを取り出し、その子に渡し、その子がジュースを飲むのを見ます。この例では、子どもの行動の結果は、前の例と同じです（最後に、ジュースを飲む）。しかしこの例では、子どもは母親に向かって行為をし、「ジュース！」と言いました。その結果として母親は環境に対して行為を行い、その子がジュースを手に入れられるようにしました。この例では、子どもは冷蔵庫に対してではなく、母親に向かって行為を行っていることから、私たちはコミュニケーションが含まれていると考えるでしょう。

## なぜコミュニケーションをするのか？

コミュニケーション行動のもっとも基本的な理由、すなわち私たちがなぜコミュニケーションをするのかについて、行動分析家はどのように考えるかをみてみましょう。話をわかりやすくするために、コミュニケーションの基本的な理由を示す、2つの例を考えてみましょう。

一つは、小さな男の子が台所に入り、缶ジュースを要求する場面です。この場合、男の子は缶ジュースをくれるよう母親に頼みます。母親は彼のコミュニケーションを聞き、その子が欲しがっている物を手渡します（母親であれば誰でもがするように）。この例では、この子がコミュニケーションをした理由の一つは、自分が欲しい物を他の人に渡してもらうため（つまり依頼）、と考えることができます。

別の例を考えてみましょう。単語をいくつか話せるようになった生後20ヵ月の女の子を思い浮かべてください。彼女は居間に座って、出窓の外を

見ています。彼女は突然、「ヒコーキ！　ヒコーキ！」と何度も言いました。彼女はどうしてこのように言ったのでしょうか？　その理由を知るためには、彼女の母親がそのときどうするかを観察する必要があります。その女の子が母親に飛行機を取ってもらおうとしていたとは考えにくいです。その場を観察すれば、母親はきっと、「ああ、ヒコーキね。ママにもヒコーキが見えるわよ。とってもかわいいヒコーキね」というようなことを言ったに違いありません。この場合、子どものコミュニケーションの結果は、母親とのやりとり（母親の言葉も含め）です。このようなやりとりを体験したことのある人なら、子どもがしつこかったことも思い出すでしょう。この女の子はもし母親が気づいてくれなければ、気づくまで何度も「ヒコーキ！」と言ったかもしれません。この女の子にとって、社会的な結果は、コメントすることの強い動機づけになっていました。

　これまでに述べたことから、コミュニケーションの基本的な理由が、2つわかりました。一つは、好きなお菓子やおもちゃを手に入れるなど、比較的具体的な結果が伴うものです。もう一つは、一般にその本質が社会的なものです。すなわち、周囲の世界についてコメントすることによって、賞賛や注目を得るというものです（コミュニケーションのその他の理由については、第5章でも触れます）。

　もし子どもが適切なコミュニケーションスキルを獲得していなければ、教えたいコミュニケーションの種類を確定することはとても重要です。要求することとコメントすることを教えるのは、どちらも重要だと思われるかもしれませんが、コメントすることはそれに社会的な結果が伴うことによって学習されることを覚えておいてください。自閉症の子どもにとって社会的な結果は、一般にあまり強力な動機づけとはなりません。したがって、介入の初期において、コメントすることを教えるのはとても難しいということがわかるでしょう。一方、具体的な結果として子どもの欲しい物がわかっている場合には、要求することを教えるのは早くでき、強力な効果を持つでしょう。このことについては後で、特定のコミュニケーション

システムと指導方法を取り上げる際に、もう一度考えてみましょう。

## いつ、どこで、コミュニケーションするのか？

　ペギーは、かかりつけの医者を通して、私のところに紹介されてきた子どもでした。診療記録には、ペギーは話すことはできるが、「頑固」で「のろい」との記載がありました。彼女と遊んだら、彼女は小さな人形セットで遊ぶのが好きなことがわかりました。彼女はその人形に手を伸ばしますが、取ってくれるように頼むことはありませんでした。私が人形を渡さないと、彼女はしくしく泣きだしました。私が「欲しい物を言ってごらん」と言うと、彼女は「お人形！」とすぐに言いました。しかし、私が何も言わなければ、彼女も何も言わないのです。私から見れば、彼女は頑固なのではなく、単に言葉をいつ使うかを学習していないだけなのです。

　私たちが、いつどこでコミュニケーションするかを理解するためには、いくつかの異なる場面を取り上げ、それらの場面でコミュニケーションがどのように行われているかを考えることが役に立ちます。たとえば、一人の女の子が部屋に入ってきて、あなたと容器に入ったポップコーンを見、そしてあなたの方に近づいて、「ポップコーン！」と言う場面を考えてみましょう。この場合、その子は自発的に行動しており、他の人の助けなしにこの相互作用を始めています。

　今度は、女の子が同じ状況で、ポップコーンの前にただ立っている場面を考えてみましょう。あなたが忍耐強く待っていても、彼女は何も話しません。そこであなたが「何が欲しいの？」と聞くと、彼女は即座に「ポップコーン！」と答えました。この場合、この子は話すことはできるものの、他の人のプロンプトあるいはきっかけが必要である、と言うことができます。

　最後に、同じ場面で、自分からは話さない別の女の子の例を考えてみましょう。あなたが「何が欲しいの？」と聞いても、その子は何も答えませ

ん。そしてあなたが「ポップコーン」と言うと、その子は即座に「ポップコーン！」と言いました。この場合、この子は模倣はできると言えるでしょう。つまり、彼女は他の人が言ったお手本を聞いたときだけ話すことができるのです。

　この3つの例ではいずれも、子どもは「ポップコーン」という言葉を言うことはできました。したがって、もし「この子どもは話すことができるでしょうか？」と尋ねられれば、この3人についてはいずれも「はい」と答えられるでしょう。しかし実際には、この子どもたちは少しずつ違っていました。ですから、それぞれの子どもの発語は同じだったという言い方は間違っています。この子どもたちにとって「なぜ」というのは同じなのですが（つまり、どの子もポップコーンが欲しかったのです）、子どもたちの発語を引き出す条件が異なっているため、そこで起きていたことにも違いがあると解釈すべきなのです（表1-1を参照）。

　もし、ある子どもが「ポップコーン」と言えれば、表1-1に示した5つの状況のすべてで「ポップコーン」という言葉を使えるはずだ、と考えてよいのでしょうか？　残念ながら、このような転移はいつも起きるとは限りませんし、それは自閉症（および他のコミュニケーション障害）の子どもだけでなく、話す能力の平均的な発達が見られる子どもについても言えます（Skinner, 1957）。言葉の模倣はできるのに、簡単な質問に答えられなかったり自発的に言えない子どももいます。模倣ができ、簡単な質問に答えることもできるのに、自発的に言えない子どももいます。

　表1-1に示した5つをそれぞれ別個の行為とみなせば、発語の形式は同じでも、その子がそれぞれの場面で適切に発語できるには、少なくとも5種類の指導が必要だと考えた方がよいでしょう。私たちが最初に子どもに教えるのは、質問に答えたり自発的にコミュニケーションを始めることではなく、模倣することであるという考え方は、合理的と考えられています。しかし、次の節では、このような考え方が必ずしも正しいとは限らないことについて説明したいと思います。

表1-1 コミュニケーションのタイプ

| 場　面 | 子どもの発語 | 結　果 | コミュニケーションのタイプ |
|---|---|---|---|
| 母親がポップコーンの入った容器を持っているのを、子どもが見る | 「ポップコーンください」または「ポップコーン」 | 母親が子どもにポップコーンをあげる | 自発的要求 |
| 母親がポップコーンの入った容器を持っているのを、子どもが見る | 「ポップコーンがある」 | 母親が「そうね。ポップコーンがあるね」と言う | 自発的コメント |
| 母親が子どもに「何が欲しいの？」と言う | 「ポップコーン」 | 母親が子どもにポップコーンをあげる | 応答的要求 |
| 母親が子どもに「何を見ているの？」と言う | 「ポップコーン」 | 母親が「そうね。ポップコーンがあるね」と言う | 応答的コメント |
| 母親が「ポップコーンと言ってごらん」と言う | 「ポップコーン」 | 母親は「よく言えました」と言う | 模倣 |

　私たちが「どこで」コミュニケーションするかという問題については、コミュニケーションが始まる際に、「聞き手（listener）」（あるいは、何らかのコミュニケーションモードが用いられたときに、それに反応する人）が必要だと、読者はすでに気づいているでしょう。行為でも発語でもそれ以外のモードでも、誰か聞いてくれる人がいる場合にはそれらの行動が起きやすく、子どもが一人でいる場合には、どのようなコミュニケーションモードであっても起きる可能性は低くなります。子どもが冷蔵庫に歩いていき、中から缶ジュースを取り出し（その部屋に誰かがいるとは思っていない状況で）、「ジュース」と言う場合、これはコミュニケーション行動でしょうか？　答えは「いいえ」です。なぜなら、他の人に向けて発せられた行為がなかったからです。

## どのようにコミュニケーションするのか？

　調査報道記者としての最後の問題は、どのようにコミュニケーションするかということです。コミュニケーションのためにもっとも頻繁に使われ、社会的にも受け入れられやすい方法は、話すことです。しかし、誰かが話している様子を観察すれば、メッセージをわかりやすく伝えるために、誰もが顔の表情やボディ・ランゲージを使っていることがすぐにわかります。私自身も、手を動かさないで話すようにと言われれば、とても苦しい思いをするはずです。話していることをわかってもらうために、私たちは声の質もいろいろと変えています。声のトーン、抑揚、大きさ、速さなどを変えますし、皮肉を込める場合には、ある音を特別に強調したりします。

　もちろん、話さずにコミュニケーションすることも可能です。ろうの人たちの社会では、アメリカ手話（ASL: American Sign Language）や英語対応手話（SEE: Signing Exact English）など、いくつかの公式なサイン（身振り）システムがあります。ASLには独自の文法がありますが、SEEの文法は話し言葉の英語と同じです。

　あなたは今この本を読んでいますが、ここでは、もう一つのコミュニケーションモードである文字が用いられています。驚かれるかもしれませんが、文字の読み書きはできても話せない子どもたちもいます。文字に加えて、コミュニケーションにはその他のシンボルも用いられています。古代エジプトのヒエログリフや中国や日本の漢字など、絵と関係の深いものもありますし、点字など触覚と関係の深いものもあります。最近のシステムの中には、絵と抽象的なシンボルが融合したもの、たとえば、ブリス・シンボル（Blis symbols）やレブス・シンボル（Rebus symbols）などがあります。その他、絵や写真を利用したコミュニケーションシステムとしては、絵カード交換式コミュニケーションシステム（PECS）、さまざまな電子機器を利用したものなどがあります。これらのシンボルがどのように使われているかについては、別の章で詳しく紹介します。ここで重要なことは、さまざまなタイプのシンボルを用いて精巧なコミュニケーションシ

ステムが構築されているということです。

　要約すると、子どもや大人が用いるコミュニケーションには、さまざまなモダリティがあるということです（この点については、第5章で詳しく述べます）。したがって、他の人とうまくコミュニケーションするために話し言葉を使うというのは、子どもにとって必須ではないのです。しかしその一方で、子どもがコミュニケーションのために話し言葉を使うことにははっきりとした利点があります。たとえば、携帯性（どこにでも、自分の声は持って行くことができます）、理解しやすさ、使いやすさ、などです。

## 結　論

　ほとんどの自閉症の子どもは、本章で述べた表出性コミュニケーションのいわゆる5Wがとても難しいようです。自閉症の子どもの中には、表出性コミュニケーションよりも受容性コミュニケーションの方がずっと優れている子どもたちもいます。しかし、そうではない多くの自閉症の子どもたちには、表出性コミュニケーションを教えるときと同じくらい、受容性コミュニケーションを教える際にも十分な注意を払う必要があります。次の第2章では、他者からのコミュニケーションを理解することについて考えます。

**引用・参考文献**

New Jersey Speech-Language Hearing Association(2001). http://www.njsha.org/

Skinner, B. F. (1957). *Verbal behavior*. Englewood Cliffs, NJ: Prentice-Hall.（コミュニケーションの重要な機能、その獲得と発達について、包括的に分析したもの。専門的な知識を持っている人と一緒に読む方がよいでしょう。）

Sulzer-Azaroff, B. & Mayer, G. R. (1991). *Behavior analysis for lasting change*. Wadsworth Publishing.（コミュニケーション行動の章では、さまざまな言語行動やコミュニケーション行動を教える方法がたくさん紹介されています。）

# 第2章

# コミュニケーションという
# コインのもう一つの面：理解

　マークは、息子のリチャードを連れて学校にやってきました。マークは、息子が3歳になってもまだ話せないことを心配していたのです。また、リチャードの耳が聞こえていないのではないかとも心配していました。そこで私はマークに、なぜそう思うのかと尋ねてみました。するとマークは、リチャードがお風呂好きで、毎晩お風呂に入っているということを話しました。彼は、リチャードの名前を呼び、入浴の時間だと知らせるのだそうです。リチャードが居間で遊んでいるときには、「お風呂の時間だよ、お風呂に入ろう！」と何度も言わなければなりません。リチャードは、遊んでいるトラックから目を上げようともしないのです。しかし、お風呂の蛇口をひねったとたん、リチャードはすべてをやめてお風呂に走り、大急ぎで服を脱ぐのだそうです。マークは、リチャードが耳の近くで大声で話しかけられてもまばたきもしないのに、家の2階の遠く離れた浴室の蛇口の水音を聞くことができるのを、とても不思議に思っていました。聞こえるということは、理解していることと同じなのでしょうか？

　第1章で述べたように、コミュニケーションが成り立つには、少なくとも2人の人が必要です。これまでは、もう一人の人とコミュニケーションをしている人の役割に注目してきました。しかし、そのもう一人の人がしていることを、どう記述したらよいのでしょうか？　通常、誰かが話しているとき、相手は聴いています。しかし、「聴く（listening）」という言葉

で、もう一人の人がしていることすべてを記述することはできません。というのは、コミュニケーションにはもう一つ別の側面があるからです。たとえば、私たち著者はこの本を執筆し、あなたは今この本を読んでいます。話し言葉を聴くにも、文字を読むにも、理解力が必要とされます。子どもをコミュニケーション上手にするためには、自分の意思を相手に伝える能力を伸ばすだけでなく、他の人の意思を理解する能力を伸ばす必要があります。

私たちが相手にコミュニケーションすることについて考えてきた問題は、相手からのコミュニケーションを理解すること、いわゆる**受容言語**（receptive language）においても重要です。まず、「他者からのコミュニケーションを理解することがなぜ重要か？」という問題を考えてみましょう。

## 他者からのコミュニケーションを理解することはなぜ重要か？

コミュニケーションすることに２つの基本的な理由があるのと同じように、他の人のコミュニケーションを理解することにも２つの基本的な理由があります。たとえば、ある女の子が居間に入ってきて、クッションを持ち上げ、イスの下を何かを探しているかのように見ている場面を想像してください。そして、母親が「キャンディーは自分でテレビの上に置いたじゃない！」と言います。女の子はにっこりしてテレビの方に歩いていき、キャンディーを取り、食べ始めます。この場合、この女の子が母親の言うことを聴いたのは、母親が話した言葉を理解することによって、欲しかったキャンディーを手に入れることができるからです。このように、他の人が話したことを理解できれば、欲しい物を手に入れられるという理由で、私たちは他者の話すことを聴くことがあります（夕食に行く、遊びに行く、友だちに会う、などと言われたときのように）。

別の例として、ある男の子が居間で遊んでいる場面を考えてみましょう。

表2-1　受容性コミュニケーションのタイプ

| 場　面 | 子どもの反応 | 結　果 | コミュニケーションのタイプ |
|---|---|---|---|
| 母親が「ポップコーンを持ってきて」と言う | 子どもがポップコーンを持ってくる | 母親が「ありがとう」と言う | 他者のために指示に従う |
| 母親が「ポップコーンを食べなさい」と言う | 子どもがポップコーンを持ってくる | 子どもがポップコーンを食べる | 自分のために指示に従う |

　父親が「新聞を持ってきて！」と言いました。男の子はそれまでしていたことをやめて、新聞を探し、父親に持って行きました。父親は即座に「ありがとう。本当に助かるよ！」と言いました。この例では、男の子は自分の欲しい物ではなく、父親が欲しい物を手に入れるために、父親の言葉に耳を傾けています。男の子が手に入れたものは父親の褒め言葉であり、他者からの社会的強化子でした。このように、私たちはあるときには自分自身が欲しい物を手に入れるために、そしてあるときには社会的注目を得るために、他の人が話すことを理解するのです（表2-1）。

　社会的注目が間接的に与えられることもあります。その例として、学校から帰ってきた小さな女の子の場合を考えてみましょう。母親は、学校で何があったかを、その子に尋ねます。女の子は、友だちや先生一人ひとりに何があったかを話し続けました。この場合、女の子が母親のコミュニケーションに耳を傾けたのは、そうすることによって社会的な結果が得られる（つまり、母親と長く会話することができる）からです。この例のように、直接的な質問（たとえば、「誰と遊んだの？」）があったときに聴くこともありますし、間接的な手がかり（たとえば、「その映画、好きなんだよ！」）を聴くこともあります。

　私たちは幼いときには、即座の結果事象を求めて相手の話に耳を傾けます。大きくなるにつれて、結果事象が遅れても耳を傾けることを学習していきます。たとえば、その週の最後にテストがあると知っているために、

教師が話すことに耳を傾けます。翌日の友だちとの会話が弾むようにするために、夜のテレビニュースに耳を傾けることもあります。しかし、結果事象に時間的な遅れがある場合は、耳を傾けることの直接的な利益と社会的な利益との違いに、私たちは気づくことができるのです。

## 私たちは何に耳を傾けるのか？

　私たちは非常に幼いときから、ある音が重要であることを学習します。ドアが開く音がすると、誰が来たのか見に行きます。外であるメロディーが聞こえてくると、アイスクリーム売りの車が近くに来たことを知ります。犬のうなり声が聞こえると、逆の方向に走って逃げます。この章の初めに紹介したように、浴槽にお湯の入る音が聞こえると、入浴の時間だということがわかります。これらの音が重要性を持っているのは、それぞれが特定の出来事と関連しているからです。それらの音を聞くと、次に起きることを予測するのです。

　しかし、誰かが話していることに耳を傾けるのは、重要な音を聞くこととは違います。人が使う言葉は、特定の音とその音の組み合わせからできています。それぞれの言語は、それぞれ独自の音の組み合わせからできています。これらの音は組み合わされて単語や句になり、私たちはそれぞれの組み合わせの意味を理解することを学習しなければなりません。つまり、私たちは自分の母語の単語を生まれながらにして理解できるわけではないのです。

　次のような、興味深い実験結果があります。生まれたばかりの乳児が、母親の声に対して、他の音とは異なる反応をするというのです（母親の声を新奇な音の間に挿入するという手続きがとられます）。つまり、母語を獲得する前に、子どもたちは音声とその他の環境音との違いを知っているのです。したがって、コミュニケーションの枠組みで私たちが基本的に耳

を傾けているものは、他の人が発した音声なのです。

　序論で機能的コミュニケーションを定義したとき、コミュニケーションの相手に直接働きかけることを子どもが学習することが重要だと指摘しました。これに加えて、他者からのコミュニケーションとしてのかかわりに対して、子どもが反応することも重要です。ある子どもがアイスクリーム売りの車のメロディーを聞いて外に飛び出すことを学習しても、これは、母親が「外に行きましょう。アイスクリームを買ってあげるわ」と言うのを理解して外に出て行くのとは違うタイプの学習です。「アイスクリーム」という音声の組み合わせが重要性を持つのは、私がコミュニケーションをする集団（すなわち、英語を話す人たち）においては、その音声の組み合わせが実際のアイスクリームと連合しているからです。もし私が別の母語を学習してきたとしたら、「アイスクリーム」という音声の組み合わせに対して、別の反応の仕方をするでしょう。子どもがその中で一つの言語を学習していく社会は、耳を傾ける（単に聞くだけでなく）べきものを子どもに教えているのです。他者へのコミュニケーションや他者からのコミュニケーションの理解を学習していない子どもたちにとっては、私たちの音声は周囲の環境音以上の特別な意味を持ってはいないのです。

## 「どのように」聴くのか？

　第1章で、「どのように」コミュニケーションするかについて述べた際に、うまくコミュニケーションするためにさまざまなモダリティが使われていることを指摘しました。一つのモダリティは、私たちが話すときに発する音声です。しかし、コミュニケーションを効果的にするために手を使った身振りやサインも利用できますし、文字、視覚シンボル、その他いろいろな絵や写真も用いることができます。さらに、言葉の意味を明確にするために、言葉と身振りを組み合わせることもできます。

同じように、私たちは他者からのさまざまなタイプのコミュニケーションを理解することを学習しなければなりません。言葉を聴くことだけでなく、さまざまなタイプの視覚シンボルや視覚モダリティによるコミュニケーションを理解することを学習する必要があります。つまり、単なる指さしから公式のサイン・ランゲージまで、他者の身振りを理解することを学習する必要があるのです。印刷文字、線画、交通標識などの視覚シンボルについても同様です。子どもたちがコミュニケーションを十分理解できるようになるためには、聴覚モダリティだけでなく、さまざまな視覚モダリティについても理解できるよう工夫する必要があります。

また、話す能力が十分にある私たちも、さまざまな形の視覚シンボルに頼っていることも、しっかり認識しておいてください。たとえば、雇用主や銀行や不動産会社と契約することになれば、あなたは当事者同士が口頭による契約を覚えておくということは信じません。文書の（視覚的な）契約にするはずです。つまり雇用主とは、仕事の契約の重要な部分（給与、給与支給日、社会保険、再契約など）はすべて視覚的に表すということです。さらに、ほとんどの人は、仕事や予定など、いつどこで何をするかを覚えておくために、カレンダーのたぐいを利用しています。別の言い方をすれば、今日自分が何をするか、いつどこへ行くことになっているかなどを思い出すのに、記憶だけに頼っているわけではないということです。カレンダーやそれに書き込まれたものは、私たちが日々の生活の出来事を組み立てるのを助ける視覚システムとなっているのです。

## いつ他者に耳を傾けたり理解したりするのか？

私たちが他の人の話していることに耳を傾けるのは、どのようなときでしょうか？　一般に、何かを手に入れたいという動機づけが高いほど、欲しい物に関係したコミュニケーションサインに耳を傾ける（あるいは見

る）ことが多くなります。たとえば、1日の授業が終わるとき、教師が「授業が終わったので外で遊んでいいよ」と言ってくれることに、子どもたちはとてもよく注意を払います。

　一方、子どもではなく他の人が、今は耳を傾けるべきときだと決めている場合もあります。たとえば、ある女の子が家の外で遊んでいて、母親が自分の名前を呼ぶのを聞くかもしれません。彼女は母親のところへ走っていき、「なーに？」と尋ねるでしょう。彼女は、何か大事な話や興味深い話を聞くことになるのでしょう。もちろん、お使いやお手伝いを頼まれるだけのこともあります。その場合には、次に母親から名前を呼ばれても、彼女はあまり注意を向けなくなるでしょう。

　他の人の注意を引く言い方には、さまざまなものがあります。たとえば、「聴いてよ！」「私を見て！」「こっちに来て！」「手を止めて、私の言うことを聴いて！」「よく聴いてください！」などがあります。こうした言い方は、たくさんあります。話す相手が遠くにいる場合には、近くに来るように両手で大きく手招きしたりするなど、もっと近くに来るよう身振りを使うでしょう。あなたは相手が近くに来たときに、改めて話し始めるでしょう。

## どこで他者に耳を傾けるのか？

　耳は常に私たちと共にありますが、私たちはあらゆる場面でしっかりと耳を傾けているわけではありません。私たちは、ある場面では他者の言葉に耳を傾け、ある場面では聞こえてくることにそれほど注意を払わないことを学習します。授業を上手に受けるためには、生徒は、教師の声に耳を傾け、他の声や音には注意を向けないことを学習する必要があります。一方、学校の食堂では、あなたの近くの子どもたちの話すことに耳を傾けることが大切になってきます。

自閉症の子どもたちの中には、自分の枠に閉じこもり、自分に向かって話されたことに注意を向けていないように見える子どもたちもいます。静かな場面では、部屋にいるもう一人の人が言うことに耳を傾ける自閉症の子どももいます。このような場合、他の子どもや大人がいる別の場面でも、他者の話すことに注意を払うよう教えることが指導目標になります。この学習を促進するには、集団場面で強力な動機づけとなるものを用いて、子どもが私たちに注意を向けたときにしっかりと強化するという方法が役立ちます。

## 結　論

　この章では、他者からのコミュニケーションを理解することに関する問題に焦点を当ててきました。コミュニケーションスキルを使う能力は他者を理解する能力とは別であることを、ぜひ覚えておいてください。他者が話したことを理解できるのに、話す学習がきわめて困難な子どもたちがいます。反対に、話すことは学習できたのに、他の人が話したことを理解するのが難しい子どもたちもいます。自分からコミュニケーションすることをあるモダリティで学習できても、他者からのコミュニケーションを理解する場合には別のモダリティの方が効果的な子どももいます。たとえば、話すことができても、他者の話を理解するには視覚シンボルを用いた方がよい子どももいます。自分からコミュニケーションする際には視覚的なコミュニケーションシステムが必要でも、他者の話すことを十分理解できる子どももいます。最後に、私たちはみな、子どもたちが自分に向かって話されたことを理解するよう学習してほしいと願っていますが、社会の中でうまく生きていくために、さまざまな視覚シンボルも学習してほしいと願っています。

**参考文献**

Hodgdon, L. (1995). *Visual strategies for improving communication: Practical supports for school and home.* Troy: QuirkRoberts Pub. (さまざまな障害のある人に対して視覚的補助具や視覚的方法を使う際に、実践上役に立つ情報がたくさんあります。)

# 第3章

# 話すことができないのか？
# コミュニケーションができないのか？

　私は、ドリスと彼女の3歳の娘ソニアを自宅に訪ねました。私が着いたのは夕食時でしたので、普段の食事の様子を見たいと頼みました。ドリスは夕食の支度を続け、その間ソニアは鍋の蓋を叩いていました。突然ソニアが立ち上がり、戸棚の方に歩いていきました。彼女は母親には目もくれず、戸棚の扉を開けようとしました。しかし、扉がなかなか開かなかったので、彼女はだんだんイライラして興奮してきたようでした。ドリスはその様子に気づくと、ソニアに向かって「どうしたいの？」と尋ねました。そしてドリスは扉を開け、クッキーの入った缶を指さして、「これ？」と聞きました。それでもソニアは泣きわめくので、ドリスは棚の中の箱を一つずつ持ち上げて、「これなの？」と聞きました。それでもソニアの泣きわめきはますます激しくなったので、ドリスの顔もだんだん紅潮してきました。そして最後にドリスがクラッカーの箱を取り出すと、ソニアはその箱を素早く奪ったのです。ソニアが落ちつくと、ドリスは私に、娘は欲しいお菓子を私に教えることができないので、自分はいつもさっきのように興奮してしまい疲れ切ってしまう、と話しました。

　ここではっきりしていることは、ソニアは自分の要求を言葉で表現することに大きな困難がある、ということです。一般に子どもは3歳から4歳までに、1,000語以上の単語を話せるようになり、物事について細かいところまで話し、過去や現在の出来事について話し合い、「草は何色？」（草

が見えないところで）など抽象的な質問に答えられるようになります。ソニアは3歳ですが、まだ話すことができませんし、身振りを使って意思を伝えることもできていないのです。

事実、コミュニケーションスキルの獲得が遅れることは、自閉症スペクトラム障害の重要な特徴の一つです。ところで、平均的な話し言葉の発達はどのようなものでしょうか？　一般に子どもは、生後6ヵ月から9ヵ月ごろ喃語を発しはじめます。また、生後6ヵ月までには、言葉を話すことはできなくても、両親が理解できるような何らかの行動を示すようになります。たとえば、身振り、アイコンタクト、声のトーン、あるいはその他の身体の動きを使って、両親や養育者に自分の意思を伝えるようになります。1歳の誕生日ごろには、ほとんどの子どもは単語（ことによると、いくつかの二語文も）を話しはじめ、「お鼻はどこ？」や「○○ちゃんのお靴、持ってきて」などの簡単な指示が理解できるようになります。2歳の誕生日ごろには、ほとんどの子どもはだいたい25から50の単語を話せるようになり、それらで単文を作れます。また「スプーンを取って、流しに置いてきなさい」など、より複雑な指示にも従えるようになります。

対照的に、自閉症やそれに関連した障害のある子どもの話し言葉やコミュニケーションの発達は、かなり遅れるのが一般的です。中には、喃語を発する時期は普通だったり、初期の話し言葉の発達は順調だったとされる子どももいますが、2歳ごろには発達の遅れが顕著になり、まったく話さなくなる子どもも少なくありません。また言葉が話せても、大人やきょうだいに話しかけているようには見えない自閉症の子どももいます。こうした子どもたちは、テレビやラジオなどから聞こえてきたことを繰り返し言っても、両親やきょうだいが言うことは模倣しないかもしれません。意味のない単語やフレーズを繰り返し独り言として言うことは**エコラリア**（echolalia）と呼ばれ、話す能力のある自閉症の子どもの多くによく見られる特徴です。現在までのところ、このような話す能力の発達に関する2つの際立った特徴がどうして起きるかについて、十分にはわかっていませ

ん。しかし、その結果は同じです。つまり、こうした子どもたちは2歳から3歳までに、他のスキルの発達と比べて、話す能力とコミュニケーションの発達において顕著な遅れが認められるようになる、ということです。

## 話し言葉の発達が遅れるのはなぜか？

　平均的な形で話し言葉が発達しない子どもについて、私たちの最初の疑問の一つは、その原因は一つなのか、ということです。その答えは簡単で、「いいえ」です。話し言葉の発達が遅れることには、さまざまな要因が関係していると考えられています。いくつかの要因は、胎児であったとき、あるいは妊娠中の生物学的な問題に関係しています。また話す能力の発達の困難は、精神遅滞、脳性マヒ、自閉症、発達性発語失行とも関係しています（Beukelman & Mirenda, 1998）。さらに、出生後の後天的な要因としては、筋萎縮性側索硬化症（ALS）、多発性硬化症（MS）、外傷性脳損傷、脳卒中、脊髄損傷などが関係していることもあります（Beukelman & Mirenda, 1998, p.4）。

　自閉症の場合、自閉症という障害が話し言葉の獲得の困難とどのように関係しているかはまだよくわかっていません。すなわち、脳のどの部分の障害が、話す能力の発達に影響を及ぼしているかについては、まだよくわかっていないのです。一般に、発語に関係する器官の構造（舌、口唇、口蓋など）や発語の運動面（舌、口唇、顎などの動き）には、特別な問題は見られません。さらに、自閉症の子どもの中には、耳の疾患歴や一時的な聴力損失の既往のある子どももいますが、このような聴力の障害で自閉症の子ども全体としての話す能力の遅れは説明できません。さらに、自閉症の子どもの中には話す能力の発達が速い（エコラリアのような異常も含め）子どもがいたり、あるいは無発語のまま（コミュニケーションのために話し言葉を使わない）の子どもがいることについても、まだわかってい

ません。

　もう一つの重要な疑問は、この問題を持つ人の出現率はどの程度なのか、ということです。この答えは簡単ではありません。というのは、話す能力の発達や話し言葉の効果的な使用に困難のある人という定義が、研究によって異なっているからです。最近の推定では、おおよそ100人に1人が、話し言葉に頼らない効果的なコミュニケーション手段を身に付けるための支援を必要としていると考えられています（Beukelman & Ansel, 1995）。

　比較的有効性の高い早期介入プログラムが開発される前は、自閉症の子どもの約半数が話し言葉を持たないと推定されていました（Silverman, 1996; Rutter, 1985）。集中的な早期介入を行うことによって、話し言葉を持たない子どもの割合はかなり低くなります（介入開始時の子どもの状態にもよりますが、15％以下とみなされています）。有効性が報告されているプログラムは数多くありますが、ほとんどが行動的アプローチを基本としており、十分な訓練を受けた専門家と両親が2年以上かけて、毎週数十時間の指導を行うというものです（Dawson & Osterling, 1997）。これらの行動的プログラムについて詳しく知りたい人には、Woodbine House から出版された *Right from the Start: Behavioral Intervention for Young Children with Autism*（Harris & Weiss, 1998）がよい入門書になるでしょう。

## コミュニケーションができなければどうなるのか？

　私たちの文化では、コミュニケーションができない子どもや大人には、かなり厳しいものがあります。ある人が自分にもっとも重要なことを他の人に伝えることができないと、誰も必要なときに必要なものをその人に与えることができなくなってしまいます。もちろん、身近で世話をしている人も、間違ったことをしてしまうことが多くなります。

**欲しい物を伝えられない**　私たちは誰でも、一番欲しい物が手に入らなかったり、したいことができないと、強いフラストレーションの状態になります。フラストレーションが続くと、最後には自分自身や他の人が困るようなこともしてしまいます。重度のコミュニケーション困難がある子どもは、欲しい物やしたいことがままならないというフラストレーションから、攻撃行動やかんしゃく、自傷行動などを示すかもしれません（第4章を参照）。たとえば、ある男の子がクッキーを欲しがっていたのに、母親にはそれがわからず、別のお菓子を与えてしまったら、どうなるでしょうか？　たしかにその男の子はお菓子をもらったのですが、そのとき欲しい物ではなかったので、フラストレーションを感じ、何らかの方法で欲求不満を発散させてもおかしくありません。

**「いいえ」を伝えられない**　たくさんの課題を与えられ、途中で休憩を要求できないとしたら、その子はどうするでしょうか？　この場合、子どもは難しいあるいは好きでない課題から逃れようとして、しばしば他の人を叩いたり周囲の物に当たったりします。その子どもが落ち着いて丁寧に「いいえ、結構です！」と言うことができなければ、他者にとってチャレンジング行動となってしまう形で行動するでしょう（第4章を参照）。

**他の人と会話ができない**　基本的欲求を伝えることができても、日常の出来事についてコメントしたり話すことができない子どもの場合はどうでしょうか？　このような子どもは、友だちづくりが難しいことが多いでしょう。私たちが特別なことを友だちに頼むとき（たとえば、「お金を貸してくれませんか？」）、友だち同士の間で起きているのは社会的相互作用であり社会的結果です（たとえば、「なんだ、カープ先生はそんなに冷たい奴か！」「これまで見た中で一番ひどい映画じゃないの？」）。社会的な出来事についてコミュニケーションできなければ、友だち関係が広がったり深まったりはしません。

**他者を理解できない**　私たちが伝えようとしていることを理解できない子どもの場合はどうでしょうか？　このような子どもにとっては、毎日が

無秩序で混沌としたものとなるでしょう。この子どもたちは、次に何が起きるか、自分に何が期待されているか、あることをしたら何がもらえるか、どこに行こうとしているのか、誰と一緒にしようとしているのか、といったことがわかりません。他の人が話したこと（視覚的手がかりの場合は、見せられたもの）を理解できなければ、その人の生活はいつも不安で不安定なものになるでしょう。

　他の人が伝えようとしていることを理解できない子どもたちの中には、自分だけの意味を作り出そうとして、複雑で長い儀式的行動や自分だけの常同的な行動をするようになる子どももいます。こうした常同的な行動には、自己刺激行動（たとえば、指はじき、身体を前後に揺する〔ロッキング〕）、物を繰り返し同じように扱う（たとえば、物を回したり空中で揺らす）、同じ言葉を繰り返す（たとえば、同じフレーズや質問を何度も繰り返し言う）などがあります。こうした儀式的行動や常同的行動をやめさせようとすると、多くの場合、子どもは興奮して混乱します。専門家はこうした状況を「変化への抵抗」とか「同一性の保持」などと呼んでいますが、それはこうした行動の原因や理由ではなく、状況を記述しているにすぎません（こうした行動のコミュニケーションとしての機能が、儀式的行動の生起要因の一つとなっている場合もあります）。

　もっと社会的なレベルで言えば、仲間からの曖昧で微妙な社会的手がかりをうまく理解できない子どもは、不器用で気が利かない子どもと見られているかもしれません。アスペルガー障害の子どもや大人は、一般に、言語能力の面では年齢相応ですが、私たちの社会の中の込み入った事情を理解する能力には明らかな限界があります。たとえば、ユーモア、皮肉、語句の微妙なニュアンスなどを理解することが難しいのです。彼らは文字通りの理解しかできません。もし誰かが「そうだね。外に遊びに行こう」と皮肉たっぷりの調子で言ったとすると、文字通りに理解する彼らは、コートを着て外に出ようとすることがあります。トニー・アトウッド（Tony Atwood）が書いた *Asperger's Syndrome: A guide for parents and teach-*

ers（1997）には、アスペルガー障害の人たちが複雑な対人関係をよく理解できていない例がたくさん紹介されています。

　こうした子どもたちが示すコミュニケーションの困難は、悪循環のきっかけになることがあります。対人関係でたくさんの失敗を経験した子どもは、コミュニケーションを避けるようになるかもしれません。このような引きこもり傾向が始まると、さらにいっそう他児とのかかわりが少なくなります。周囲の子どもたちも、あの子は一人でいるのが好きなんだと考え、無理に仲間に入れようとはしなくなるでしょう。残念なことに、自閉症の子どもが他児とかかわらなくなると、その子は社会性が未熟のままで、いっそう孤立してしまいます。つまり、自閉症の子どもについては、学業面の進歩を評価するだけでは不十分なのです。他の人とかかわるスキルを使えなければ、将来大人になったときにうまくやっていくことが難しくなるのです。

## 話し言葉以外のコミュニケーションスキルの獲得はどういう人に役立つか？

　この問いへの簡潔な答えは、代替コミュニケーション手段は次のような子ども（一般に1歳6ヵ月以降）に対して検討すべき、ということです。
- 好きな物を要求するために言葉を使うことができない。
- 興味ある出来事についてコメントするために言葉を使うことができない。
- 簡単な質問をしたり、模倣したり、答えたりができない。
- 他の人が言ったことを十分理解できない。特に、物を取ってきたり、簡単な指示に従ったり、社会的なシンボルに反応することができない。

これらのスキルは、平均的な発達をしている子どもであれば、2歳ごろに

はできるようになっているものです。

　もしこれらのコミュニケーション機能を言葉でできない子どもがいれば、拡大・代替コミュニケーションシステム（AAC: augmentative and alternative communication system）の使用を検討すべきです。一般に**代替**（alternative）とは、手話や絵カードシステムなど、話し言葉に代わるコミュニケーション手段を意味しています。**拡大**（augmentative）とは、子どもが現在持っているコミュニケーションスキルを広げることで、特定の場面での選択を助けるために視覚シンボルを使ったり、話し言葉の理解を助けるために絵や写真を使うことなどです。AACシステムには、身振りや手話を使ったもの、絵、写真、アイコン、文字など、さまざまな視覚シンボルを用いたものがあります。第5章では、AACの種類を紹介します。

　以下では、あなたがかかわっている子どもにAACが有効かどうかを判断する際に役立つ指針を、いくつか紹介します。あなたが親である場合は、必要な情報を集め、適切な判断をするために、専門家の助けを得るとよいでしょう。

## 1. 子どもの年齢は？

　子どもが1歳6ヵ月未満の場合は、発語の仕方が不十分であったり話し言葉の模倣が上手でなかったとしても、その子の発達について専門家の判断を求めるべきかどうかは確定できません。こうした子どもたちも、指示に従うことや、大人と遊んだり他の子と遊ぶことについては、平均的なスキルを示しているかもしれません。身振りなど他のコミュニケーションが適切に発達しているのに、話し言葉の発達がゆっくりしているだけである場合も少なくありません。

　しかし、2歳未満であっても、話し言葉の発達が遅れているだけでなく、社会的反応（すなわち、他の人から微笑みかけられたり、話しかけられたり、遊びを誘いかけられたときの反応）に遅れがあり、さらに模倣や遊び

にも遅れが見られる場合には、発達に何らかの遅れがある可能性が高くなります。もしあなたが関係する子どもがこのような状況であれば、言語聴覚士による聴力検査はもちろん、心理士や発達の専門家による専門的なアセスメントを受けてください。

　時間的尺度の上の方から言えば、7歳以上の子どもの場合、それまで話し言葉がなければ、これまでの研究知見から考えて、それ以降話せるようになる可能性はきわめて低いと言えます。たしかに、年長児でも話し言葉の獲得ができた例もありますが、それはきわめてまれな例です。話し言葉でのコミュニケーションができない年長児の場合には、代替のモダリティを用いた機能的コミュニケーションスキルの獲得に焦点を当てる方が、より適切だと言えます。

## 2. 音声模倣の訓練はどのくらいの期間行うか？

　子どもが2歳以上で話せない場合、これまで言語聴覚士や行動分析家を含め多くの専門家は、音声模倣訓練で発達を促進しようとしてきました（たとえば、Lovaas, 1981; Lovaas, 1987）。音声模倣訓練では、単音（通常、子どもがすでに発声できている音）を模倣させることから始め、単音の組み合わせ、単語、そして句を模倣させるように進めていきます。

　音声模倣プログラムの成功率は私たちを力づけるものです。しかし、3ヵ月間の集中訓練を受けても音声模倣が上達しない子どもも数多くいます。こうした子どもたちは、10〜30％と推定されます。音声模倣訓練を3ヵ月以上続けても成果が見られない場合には、話し言葉以外のモダリティを用いた機能的コミュニケーションスキルを教えるべきでしょう（Lovaas, 1987 参照）。音声模倣訓練をやめるべきだ、と言っているのではありません。すぐに利用できるようになる機能的コミュニケーションスキル（以下の章で詳しく紹介します）に訓練の重点を置き、音声模倣訓練はそれと併行して継続すればよいと私たちは考えています。多くの子どもにおいて、

この2つの領域、すなわち機能的コミュニケーションと言葉を話すことは、将来融合することがあるからです（この点については、第6章でその例を紹介します）。

## 3. 子どもの現在の発声・発語はどのような状態か？

　第1章でも述べましたが、子どもは2つの理由（要求またはコメント）のどちらかのために特定の言葉を使います。また、言葉を話す状況もさまざま（つまり、自発、模倣、応答など）です。もし単語を**模倣**するだけだったら、その子は機能的コミュニケーションのために話し言葉を使うことはできていないと言えます。もしそうなら、次のどちらかを検討すべきでしょう。a）話し言葉の模倣ではない使い方を至急教える、b）言語模倣やその他発語に関する訓練を継続しながら、他のモダリティによる機能的コミュニケーションの指導を開始する。

　10単語の模倣ができる2歳の女の子の例を考えてみましょう。彼女はテレビで聞いたことのあるコマーシャルの一節を歌うことができます。しかし、好きなお菓子やおもちゃを差し出されても、誰かがそのお菓子やおもちゃの名前をお手本として言ってくれなければ、彼女の方から話すことはありません。この例では、彼女はいくつかの言葉を口に出すことはできても、自発的にその言葉を言うことができていないのです。私たちはこの子の模倣スキルをさらに伸ばそうとしますが、自発的な機能的コミュニケーションの指導も早急に始めるべきです。

　次の章では、話すことができないために行動でコミュニケーションをしてしまう子どもの意図を理解する場合に、役立つ情報をいくつか提供します。またその後の章では、話し言葉を持たない子どもたちに役立つ、さまざまな非言語的コミュニケーション手段を紹介します。

## 引用・参考文献

Atwood, T. (1997). *Asperger's Syndrome: A guide for parents and teachers*. Jessica Kingsley Publishers.

Beukelman, D. & Ansel, B. (1995). Research priorities in augmentative and alternative communication. *Augumentative and Alternative Communication, 11*, 131-134.

Beukelman, D. & Mirenda, P. (1998). *Augmentative and alternative communication: Management of severe communication disorders in children and adults (2nd ed.)*. Baltimore: Paul H. Brookes.

Dawson, G. & Osterling, J. (1997). Early intervention in autism. In M. J. Guralnick (Ed.), *The effectiveness of early intervention* (pp.307-326). Baltimore: Paul H. Brookes.

Harris, S. & Weiss, M. J. (1998). *Right from the start: Behavioral intervention for young children with autism*. Bethesda: Woodbine House.

Lovaas, O. I. (1981). *Teaching developmentally disabled children: The me book*. Austin, TX: PRO-ED.

Lovaas, O. I. (1987). Behavioral treatment and normal educational and intellectual functioning in young autistic children. *Journal of Consulting and Clinical Psychology, 55*, 3-9.

Reichle, J., York, J., & Sigafoos, J. (1991). *Implementing augmentative and alternative communication: Strategies for learners with severe disabilities*. Baltimore: Paul H. Brookes.（複雑なコミュニケーション障害のある子どもや大人に対する援助法に関する優れた本。専門職向け。）

Rutter, M. (1985). The treatment of autistic children. *Journal of Child Psychology & Psychiatry, 26*, 193-214.

Silverman, F. (1995). *Communication for the speechless (3rd ed.)*. Boston: Allyn & Bacon.

# 第4章

# なぜ彼女はそうしたのか？
# 行動とコミュニケーションの関係

　ある親ミーティングで、スーザンは息子ネイサンのことで困っていると訴えました。彼女は、ネイサンが庭で遊ぶのが好きなことはわかっていました。でも、彼がいつ庭に出たいのか、正確に知ることができなくて困っていたのです。彼女は次のように話しました。ネイサンはときどきドアの前に立ったまま、激しく泣き始めます。もしすぐに誰かが来てくれなければ、彼は床に座り込み、頭を床に打ち付け始めます。このような場面でネイサンを落ち着かせることができるのは、ドアを開け、彼を外に出してやることだ、とスーザンは信じていました。そうすると、ネイサンは外に出たとたん泣きやみ、スーザンもやりかけていたことを続けることができる、と言うのでした。

　第1章でも指摘したことですが、行動の中にはコミュニケーションの機能を持っているものがあります。子ども、特に障害のある子どものコミュニケーション行動は、私たち大人が期待するものとは限らないことも多い、と付け加えておく必要があります。たとえば、ネイサンの場合も、彼が外に出たいということを伝える方法は、両親が喜ぶ方法ではなかったのです。
　かんしゃくや攻撃行動など子どもが示す行動問題は、私たちにとってもっとも印象に残りやすいものです。学校で1日の授業が終わったとき、私たち教師はその日学校で経験したことを同僚と話しますが、よかったこと（たとえば、「彼女は今日3回も笑ってくれた」）よりもトラブル（たとえ

ば、「彼女にまた叩かれた」）を話すことの方が圧倒的に多いのです。したがって、教師も両親もこうした行動問題をすぐに減らそうとします。しかしながら、もっともよい解決策は、その子どもが行動問題を起こしている理由を調べ、その行動問題を私たちが受け入れやすく、しかも子ども自身の目的にかなう行動に変えていく、という方法です。この章では、さまざまな行動問題と、よりよいコミュニケーションスキルとしてのその代替行動との関連を取り上げます。

## コミュニケーション機能を持つ行動マネジメントの標的行動

　子どもが示す行動で、私たち大人が減らしたいと思うものを、行動分析家は「行動マネジメントの標的行動」と呼ぶことがあります。これらの中には、子どものニーズを満たすため、つまり、欲しい物を手に入れるために行動を起こしている場合があります。たとえば、何らかの行動を起こすと、外へ遊びに出ることができたり、スーパーのレジのところでクッキーがもらえたり、誰かが食べているものをもらえたりすることです。

　一方、他の人からの注目が得られる行動もあります。たとえば、あなたが部屋に入り、子どもが泣き叫びながら自分の顔を叩いているのを見たら、あなたはどうするでしょうか？　私だったら、おそらくすぐにその子を抱き上げてなだめながら、何か悪いことが起きていないか調べると思います。しかし、その子が効果的なコミュニケーションシステムを獲得していないとすると、どうでしょうか？　この場合、その子は何か問題があっても、それを他の人に伝えることができないのです。それでも、その子は抱っこされることは快適に感じているのでしょう。この子は次に私を見たとき、どういった行動をとるでしょうか？　私がすぐにその子を抱き上げなかったとしたら、その子はおそらく泣いて、自分の顔を叩き始めるでしょう。子どもの側から見れば、前回「効果的」だったこと、つまり、泣きながら

自分の顔を叩くことによって、私に抱っこしてもらえたのです。

　この例の場合、子どもの行動は、私の姿が見えたことによって生じ、それはコミュニケーションの機能、すなわち、望ましい結果を要求する機能を果たしているのです。誰かがいるところで特定の行動を起こしやすいのであれば、その行動にはコミュニケーション機能があると見なせることを覚えておいてください。私たちがいるときもいないときも、ある特定の行動を起こす回数が変わらないとしたら、その行動は誰かコミュニケーションの相手に向けられたものとは言えないでしょう。前にも指摘したように、コミュニケーションの本質の一つは、それが誰か他者に向けられた行動である、という点です。

　子どもや大人の行動には、別のコミュニケーション機能、すなわち逃避や回避の機能を持つものがあります。たとえば、難しい課題が与えられたとき、子どもが泣き叫んだり自分の身体を叩き始める場合です。

　私がルースと出会ったのは、重度の知的障害のある中学生・高校生のための特別支援学校を訪問したときでした。そのときルースは16歳で、言葉を話さず、それ以外のコミュニケーションシステムも獲得していませんでした。私は、彼女を観察するよう頼まれていました。最近、彼女の攻撃行動や自傷行動が増えてきたというのです。教室で自分の席に座っている彼女を観察しました。教師は彼女に近づき、言いました。「ルース、お仕事の時間ですよ」。教師が彼女に職業訓練の道具が入っている箱を見せたとたん、彼女は泣き叫び始め、拳で自分の腿を思いっきり殴り、もう片方の手の甲を噛み始めました。教師は、箱を持って静かにその場を離れました。20分後、教師は別の道具が入った箱を持ってきて、同じように言いました。するとルースはまた同じように泣き叫び、自傷しました。教師はまた箱を持ってその場を離れていきました。20分後に教師は戻ってきて、今度はクシとブラシの入った箱を見せました。ルースは落ち着いてそのクシとブラシを手に取り、自分の髪を梳き始めたのです。ルースはなんと上手にコミ

ュニケーションしたのでしょう！

　ここで例として示したルースの行動を理解するためには、いくつかの要因を検討する必要があります。まず第一に、ルースは一人でいたときは静かに座っていて、泣き叫んだり自傷行動をしていませんでした。次に、教師が道具を提示するまでは、かんしゃくを起こしていませんでした。また、提示された道具が好きな活動で使うもの（すなわちヘアブラシ）であれば、彼女は落ち着いてその活動をしました。しかし、提示された道具が彼女の好きなものでなかった場合には、泣き叫び、自分の身体を（近くに教師がいれば、教師も）叩きました。そして教師がその道具を片付けると、ルースは徐々に落ち着いていったのです。ルースのこうした行動は、コミュニケーションの機能を持っています。というのは、教師が近づいたときにこれらの行動が起き、それによって、結果的に教師に好きでない道具を片付けさせることができたからです。つまり、かんしゃくを起こした後に教師が道具を片付けたため、ルースは好きでない活動を回避できたのです。もしルースがきちんとした機能的コミュニケーションスキルを獲得していれば、その課題が好きでないことをそのスキルによって伝えることができたはずです（たとえば、「この作業は好きではありません」とか「したくありません！」）。それから教師は、なぜその活動が重要なのかを話し合ったり、ルースにとってよりよい動機づけを提案できたはずです。

　多くの子どもや大人は、ある活動を避けるための行動を学習するだけでなく、何らかの活動から逃れる方法を学習します。これらの活動は一般に、次のようなものです。

1. 難しい活動
2. 退屈な活動
3. 長すぎる活動
4. 肯定的なフィードバックが乏しい活動（「これっぽっちの給料か！」）

5．騒々しかったり、窮屈だったり、混乱していたり、暑すぎたり寒すぎたりする環境での活動

　大人は、上記の要因の一つが当てはまる状況で仕事（あるいは勉強）をしなければならないことも多いのが現実です。しかし、ほとんどの大人は、そうした状況で役立つコミュニケーションスキルをすでに学習しています。単に泣き叫んだり逃げたりする（これらも考慮に入れますが！）代わりに、休憩を求め、少しの間その仕事から離れるといったことで対処します。また、こうした職場の状況を改善するために、助けを求めたり、もっと多くの指示をしてもらったり、一日の休憩回数を増やしたり、窓を開けたり、といった対応をするでしょう。

## コミュニケーション機能を持たない行動マネジメントの標的行動

　これまで、次のコミュニケーション機能と関係した行動について、みてきました。
　1．好きな事物を獲得する。
　2．嫌いな人、物、活動から逃避する。
　3．嫌いな人、物、活動を回避する。
　しかし、行動マネジメントの標的行動すべてが、このようなコミュニケーション機能を持っているわけではありません。第1章で述べましたが、すべての行動がコミュニケーションの機能を持っているわけではありません。他者に向けたコミュニケーションの意図がなく、ただ単に外界に働きかける、ということもあります。さらに、特別な目的なしに、あるいは合理的な理由なしに何かをする、ということもあります。つまり、私たちの行動の中には、ただ単に身近な環境に反応しただけと考えられるものがあ

ります。

　ある日、私（アンディ・ボンディ）は、35階に入っている州の事務所を訪ねるために大きなオフィスビルに入りました。その事務所には、ここ2、3年間に何回も来たことがありました。それまでのときと同様、そこには他に誰もおらず、私は静かにエレベーターのボタンを押しました。しかしこの日は、何も起きなかったのです。その場でちょっと待っていましたが、エレベーターが降りてこないことに気がつきました。そこで、もう一度ボタンを押してみましたが、何の変化もありません。そこでボタンを何回も強く押してみましたが、それでも何も変わりませんでした。そこで私はボタンを思いっきり叩き始めました。そして気がついてみると、恥も外聞もなく、エレベーターに向かってぶつぶつと口汚く悪態をついていたのです。突然私の上司がやって来るのが見えました。私はののしったりボタンを叩くことをやめ、エレベーターが故障しているようだと静かに上司に伝えました。

　私たちは誰でも、これと同じような経験をしたことがあるでしょう。このような行動は明らかにコミュニケーション機能を持ってはいません。私はいくつかの言葉を発していましたが、それらの言葉は他の人に聞かせようとして言ったものではありませんでした。そして、上司の姿が見えると、私はまったく別の言い方をしたのです。私がした行動は合理的なものでも、経験から学習したものでもありません。ボタンを何度強く叩いても何の効果もないのですが、こうした行動は機械が思い通りに動いてくれないときに、まず私たちがやってしまう行動です。その上、かつて母から「もしエレベーターが止まってしまったらこうするのよ」と教えられたことも、私は思い出さなかったのです。疑問は残されたままです。どうして私たちはこのような過激な行動をするのでしょう？

　私にとって、35階に行くということは重要でした。というのは、それが

仕事を得るための唯一の方法だったからです。すなわち、それが給料をもらうための方法でした（働かなければ、報酬はもらえません）。何らかの報酬を期待していたのに、それが延期されたり取り去られたという場面では、私もあなたも子どもたちも、このような情動的な行動をします。

　同じような情動的な反応が起きやすいもうひとつの場面は、痛みがあるときです。動物を被験体にした研究では、ある動物がもう1匹の動物と一緒にされ、一方の動物に回避できない痛み刺激（電気ショック）が与えられると、その動物はもう1匹の動物に対して攻撃的になることが多いと指摘されています。攻撃行動をしても電気ショックの頻度を減らす効果はないのですが、それでもこのような状況ではとても起きやすい行動なのです。他の研究では、ある動物が1匹だけにされた状況で、回避できない電気ショックを受けた場合、その動物は自傷行動を始めることが報告されています。当然のことですが、このような実験は人間の子ども（障害の有無にかかわらず）には実施されていません。しかし、ロマンジークとマシューズ（Romanczyk & Matthews, 1998）は自分の顔を叩く子どもたちに関するデータを集め、痛みがあるとき（中耳炎のときの鼓膜圧によって推定）の方が、ないときと比べて顔を叩く行動が非常に起きやすかったことを明らかにしています。

　つまり、私たちが観察するいかなる行動にも、さまざまな説明の可能性があるということなのです。ある行動は、コミュニケーション機能を持っているかもしれません。たとえば、ある女の子が自分の頭を叩く場合、注目してほしかったり、その場から出たかったり、提示されたものが嫌いなことを、その行動によって表している可能性があります。しかし、同じ行動でも、コミュニケーション機能を持たないこともあります。たとえば、期待した報酬がなかったときや、身体のどこかが痛いときも、似た行動をすることがあります。この頭叩き行動を私たちがどう説明するかは、その子に対してどのような介入を計画するかに影響します。もし彼女の行動はコミュニケーション機能を持つとみなせば、第5章、第6章、第7章で紹

介する、より適切な別のコミュニケーション行動を教える方法が考えられます。もしコミュニケーション機能を持たないとするのであれば、第8章で紹介する、フラストレーションを自分自身でうまく処理する方法を教えるという介入方法が考えられます。

## 機能的コミュニケーション訓練とは何か？

　私たちが、その行動が**なぜ**起きるのかを強調し、その行動が**どのように**起きるかを強調しない理由の一つは、目的を達成するためにはいくつかのやり方があると考えるからです。つまり、ある子どもが注目を得ようとする場合、その子が同じ結果（注目）を得るためにはさまざまな行動が可能だと私たちは考えます。もしこれが信頼できる仮説であれば、その子に自傷などの行動問題を起こさずに別の適切な方法で注目を得る方法を教える、という介入計画を立てることができます。

　行動が起きる理由を調べ、望んでいる結果を獲得するための適切な別の方法を教えるという介入方法は、研究の領域では**機能的コミュニケーション訓練**（FCT: functional communication training）と呼ばれています。FCTに関する初期の研究の一つ（Carr & Durand, 1985）では、攻撃行動や自傷行動を示す子どもが対象とされました。この研究者たちは、行動マネジメントの標的となる子どもたちの行動には、2つのはっきりした理由があることを見いだしました。一部の子どもたちは、とても難しい課題が与えられたときにそうした行動を起こすように思われました。彼らの問題行動は、助けを求めるというコミュニケーション機能を持っていると考えられたのです。別の子どもたちは、課題の難易度には関係なく、教師がその子に注目していないときにそうした行動を起こすように思われました。彼らの問題行動は、教師からの励ましのフィードバックを得たいというコミュニケーション機能を持っていると考えられました。問題は、それぞれ

の子どもたちに何を教えるかでした。

　助けを求める子どもには、短い簡単な言葉で助けを求めることを教えました。彼らが言葉で助けを求めたら、スタッフはすぐに手助けをしました。このスキルを学習した後、彼らの問題行動には顕著な改善が見られました。別の子どもたちには、「私の出来はどう？」と言うように教えました。子どもがこのように言ったとき、スタッフは即座にその子がやっていることを褒めました。こちらも、このスキルを学習した後、問題行動に顕著な改善が認められました。この研究でもう一つ興味深いことは、その子の問題行動の理由に合致しないスキルを教えたときにどうなるのかも調べたことです。つまり、難しい課題で助けを必要とする子どもに、「私の出来はどう？」と言うことを教えたのです。スタッフは、子どもがそう言ったときには文字通りの応答をしましたが、手助けはしませんでした（なぜなら、子どもは助けを求めたわけではないからです）。自分の必要とする結果につながらない言葉を言えるようになっても、子どもの問題行動に改善は認められませんでした。

　これらのことから、子どもがそれまでコミュニケーションとして使っていた問題行動に代わる新しいコミュニケーションスキルを教える場合には、その新しいスキルによって子どもの求めているものが確実に実現されることを確認しておく必要があります。つまり、助けを必要とする子どもには助けを要求する仕方を教え、フィードバックを必要とする子どもにはフィードバックを要求する仕方を教えねばならないのです。同様に、退屈していたり、活動が難しいために休憩を必要としている子どもには、休憩を要求することを教えなければなりません。新しいスキルの機能は、行動マネジメントの標的行動の機能と同じでなければならないのです。また、行動マネジメントの標的となっている問題行動よりも、新しいスキルを行う方が簡単でなければならないことが、明らかになっています（Frea & Vittemberg, 2000）。

## 行動の機能的制御をどのようにして判定するか？

　ある人がある行動をする理由を明らかにする方法はいくつかあります（これを、行動分析家は行動の**機能的制御**〔functional control〕と呼んでいます）。一般に、これは、行動の**先行事象**（すなわち、行動の前にある事象）と**結果事象**（すなわち、子どもが行動の結果として獲得すること）を同定するものです。

　**機能的アセスメント**（functional assessment）は、教師、親やヘルパーに、構造化されたチェックリストを用いてインタビューする方法で実施されます（Charlop-Christy & Kelso, 1997）。さらに詳しいアセスメントとしては、当該の行動と次のような活動との関係について、系統的にデータを収集するという方法があります。

　　a．時刻
　　b．活動
　　c．その場にいた人
　　d．活動の長さ
　　e．要求の有無（頻繁な指示や新しい指示などを含む）
　　f．強化的な事物の撤去や非提示

　知識のあるスタッフであれば、その他の要因についても調べるでしょう。問題行動をかなりの回数観察すると、当該の行動の生起と関連している可能性のある要因がわかってきます。この時点での相関関係は、本当の関係性が立証されているわけではありませんが、子どもの問題行動と関係の深そうな要因を明らかにする助けにはなります。

　当該の行動の原因についてのもっとも正確な情報は、**機能的分析**（functional analysis）によって収集することができます。この方法は、行動分析学の研修を受けたスタッフが、特定の環境条件を操作（たとえば、指示をする、当該の行動を無視する、刺激のある環境と刺激のない環境を設定する）し、それぞれの条件によって当該の行動がどう変化するかをチェッ

クするものです。当該の行動が起こる原因についてのもっとも正確な情報を得ることができますが、この手続きはとても労力のいる方法です。

「障害者教育法（IDEA: the Individuals with Disabilities Education Act）」では、子どもが在籍している学校は、次のような場合に機能的行動分析の実施に同意しなければならないと規定されています。1）当該の児童が学校でその児童自身の学習を妨害する行動をしている場合、および2）当該の児童が特殊教育のサービスを受けている場合。親は行動分析家にこのアセスメントを依頼できますが、学校は、親のコンサルタントの勧告とはかかわりなく指導計画を立案することを選択できます。

## 代替コミュニケーションスキルはいつ教えるべきか？

コミュニケーションに困難があるために子どもが行動問題を起こしているということに気づき、その行動がコミュニケーション機能を持っていることがわかったら、代替コミュニケーション手段をいつ教えるかを検討しなければなりません。次の例は、自閉症の子どもに「いつ教えるか」は重要な問題であり、いつでもよいというわけではないことを示しています。

　　私が見たとき、ジーナはいくつかのおもちゃで遊んでいました。彼女はブロックを一つ手に持ち、もう一つのブロックとくっつけようとしました。しかし何回やってもくっつかなかったのです。すると彼女は身体を揺すり始め、そしてしくしく泣き、やがて大声で泣き始めました。そのブロックを投げ捨て、手に届く範囲内のおもちゃを全部まき散らしました。彼女はいまや激しいかんしゃくのまっただ中でした。私はジーナに近づき、「『助けて！』って言わなくっちゃ」と優しく言いました。すると、彼女はしくしく泣きながらも、「助けて！」と言いました。私は彼女の手を取って、ブロックをくっつけてやりました。すると彼女は泣きやんで、遊び始め

した。ここで私は重要なことに気がついたのです。ジーナと私は、昨日も同じことをしていたのです。一昨日も、その前の日も、これまでずっと同じような場面があったのです。

　私（アンディ・ボンディ）はこの仕事に就いたころ、このような方法をとっていましたし、他の多くの人も同じようにやっていました。つまり、子どもの問題を観察し、その問題を解決するために「言葉を使う」よう促すのです。しかし、この方法をとっても、難しい状況では子どもは相変わらずかんしゃくを起こしたままのこともあり、また私に促されたときだけ子どもは助けを求める、ということに気づきました。そして、子どもは私が教えたことを文字通りそのまま学習するのだと気づくには何年もかかりました。子どもの立場からこの場面を描写すると、次のようになるでしょう。a）おもちゃがうまく動かないと、私は大声で泣き始め、b）するとアンディがやってきて、私に何か言うように言い、c）アンディに言われた通りに言うと、彼は私を助けてくれるのです。

　ジーナが自分から助けを要求することを学習しなかったのは、どのような場面で自発的に助けを要求すべきかということを、私が彼女に教えてこなかったからでした。私がしていたことは、彼女が助けを必要としていることに気づいたら（彼女がかんしゃくを起こしているのを見ることによって）、言葉で助けを求めるよう促す、ということだったのです。自分から助けを要求することを教えたいのであれば、彼女がかんしゃくを起こす前に助けを要求することを教えるべきだった、ということに私は気づいたのです。つまり、ジーナがかんしゃくを起こしているのを見たら、私はかんしゃくがやんだ後、助けを要求することを教えるべきだったのです。

　一般に、かんしゃくやその他の情動的な行動を起こしている最中に新しいスキルを教えるのは、きわめて難しいことです。長期的な見方での対応策は、問題場面をつくり出して、効果的な代替コミュニケーションスキルを子どもに教える、という方法です。この方法は、起きてしまったかんし

ゃくのやめさせ方ではなく、かんしゃくの発生の予防を重視するのです。これの効果的な教え方を習得するのに私自身が何年もかかったように、たいていの子どもは、スキルを学習するためには多くの学習機会が必要なのです。教師もたくさんの学習機会が必要であることに忍耐が必要ですが、子どもが依存的になるような指導はやめなければなりません。教師は、子どもがより自立して自発的にコミュニケーションできるような場面を作ることが大切です。

　ジーナの例では、効果的な教え方は次のようになるでしょう。まず、思い通りにいかないおもちゃを一つ与えます。彼女がうまくいかないことに気づいたと思ったらすぐに、かんしゃくが起きる前に、「助けて！」と言うよう促すのです（この方法の手順については、49〜50ページのコラム2を参考にしてください）。

## 結　論

　この章では、子どもが示すことの多いさまざまな行動問題について見てきました。もっとも効果的な解決策は、次のような手順によるものです。
　1．その行動問題の原因を判定します。
　2．その行動問題がコミュニケーション機能を持っている場合には、子どもが何を伝えようとしているかを推定します。
　3．適切な代替コミュニケーション行動を決めます。
　4．その代替コミュニケーション行動を子どもがすでに獲得しているかどうかを検討します。もしまだ獲得していなければ、その行動を教えます。
　5．その代替コミュニケーション行動を子どもが使う機会をたくさん設けます。
　次の章では、話し言葉のない子どもたちに適用可能な、さまざまな拡

大・代替コミュニケーションシステムを紹介します。その後の章では、自閉症の子どものための方法として、PECS に焦点を当てて説明します。

**引用・参考文献**
Carr, E. G. & Durand, V. M. (1985). Reducing behavior problems through functional communication training. *Journal of Applied Behavior Analysis, 18,* 111-126.
Charlop-Christy, M. H. & Kelso, S. E. (1997). *How to treat the child with autism* (Chapter 1). Claremont, CA: Claremont McKenna College.
Frea, W. D. & Vittemberg, G. L. (2000). Behavioral interventions for children with autism. In J. Austin & J. E. Carr (Eds.), *Handbook of applied behavior analysis.* (pp.247-273). Reno, NV: Context Press.
Koegel, R. & Koegel, L. (1996). *Teaching children with autism: Strategies for initiating positive interactions and improving learning opportunities.* Baltimore: Paul H. Brookes.（自閉症の子どもに役立つスキルを教える方法がたくさん紹介された、読みやすい本です。氏森英亞・清水直治監訳〔2002〕『自閉児の発達と教育――積極的な相互交渉をうながし、学習機会を改善する方略――』二瓶社）
Romanczyk, R. G. & Matthews, A. (1998). Physiological state as antecedent: Utilization in functional analysis. In J. K. Luiselli & M. J. Cameron (Eds.), *Antecedent control procedures for the behavioral support of persons with developmental disabilities.* Baltimore: Paul H. Brookes.（園山繁樹他訳〔2001〕『挑戦的行動の先行子操作――問題行動への新しい援助アプローチ――』二瓶社）

## コラム2：子どもに「助けて」というコミュニケーションを教える手順

**必要な教材**

子どもの好きなおもちゃで、自分では思い通りにいかないもの。

**必要な指導者**

一人の指導者は、子どもが一人でうまくいかない問題場面を作る。もう一人の指導者は、子どもをガイダンスする。

**背景**

ハリーは話し言葉を持っていませんが、コミュニケーションの学習を始めたところです。彼は、点滅するライトとサイレン付きの、乾電池で動く消防車で遊ぶのが好きです。消防車が思い通りに動かなくなると（乾電池が切れたり、タイヤがはずれたり、サイレンが鳴らなくなったときなど）、消防車を投げ、大泣きし、自分の頭を激しく叩くハリーを、母親のリリーはこれまで何度も見てきました。この様子を見たリリーは、ハリーの自傷行動をやめさせるために、急いでタイヤをくっつけたりしていました。

**指導手順**

リリーは娘のドリスに、助けを要求することをハリーに教えるときに手伝ってくれるように頼みました。ドリスには、ハリーの後ろに座ってもらいました。リリーはハリーに見えないように、消防車の乾電池を抜

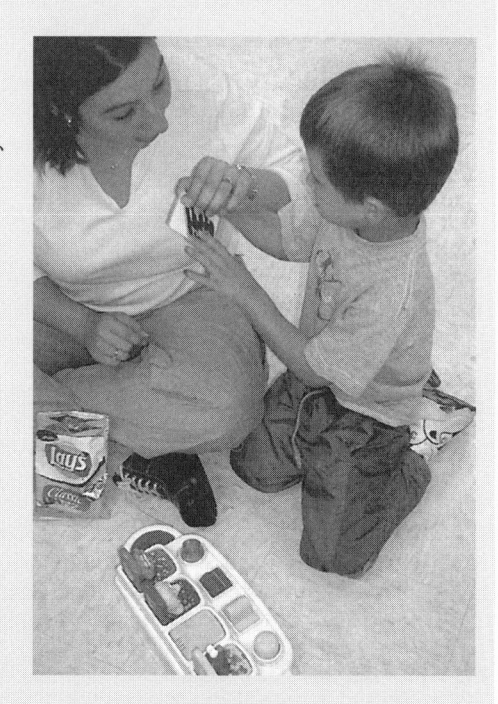

写真1

いて、消防車をハリーに渡します。ハリーはすぐに手にとって、ボタンを押したのですが、ライトが点かずサイレンも鳴りません。ハリーにちょっと動揺した様子が見られたときに、ドリスがすかさず、消防車をリリーに渡すようにとガイダンスしました。リリーはすぐさま「助けてほしいのね！」と言って、乾電池をハリーに渡し、それを消防車に入れるようハリーを手伝いました。そしてハリーがボタンを押すと今度はライトが点いてサイレンも鳴り、とてもうれしそうでした。それから数日間、リリーとドリスはこの指導を行い、少しずつドリスのガイダンスを減らしていきました。その結果、その週の終わりには、消防車がうまく動かないときに、ハリーは自分から消防車を母親に手渡すようになりました。そして、リリーとドリスは役割を交代し、ハリーが近くにいる誰かに助けを求めることを迅速に学ぶように指導しました。やがて、リリーはハリーが解決すべき新しい問題状況を作りました。たとえば、容器が開かないとき、ストローの付いていないパック入りジュースを飲みたいとき、ラジオが鳴らないとき、などに助けを要求することを教え始めました。

### その後の指導方法

　この最初の指導方法（うまく動かないものを子どもに与える）は、平均的な発達をしている子どもが年少の段階ですることに似ています。その子たちが助けを要求する能力を磨くことを学習するのと同じように、ハリーもこのスキルをいろいろな形に変えていくことを学習するでしょう。たとえば、視覚的コミュニケーションシステムの「助けて」というシンボルの使用を学習するかもしれません。こうしたシンボルの使い方を教える方法は、第6章で紹介する方法と同じです。ハリーが使うのが視覚シンボルでもサイン（公式、非公式）でも話し言葉でも、最初の指導場面から指導者2人で教えることは有効です。

# 第5章

# 拡大・代替コミュニケーションシステム

**特別寄稿　パット・ミレンダ Ph.D.**

　パメラは10歳の自閉症の女の子で、限られた言葉しか話せませんでした。話し言葉は少なくても、彼女は学校でも家庭でもよくコミュニケーションができていました。見えるところに何か欲しい物があるときには、家族やクラスメートや教師をそこに連れて行き、何らかの声を出していました。見えないところや別の場所に欲しい物がある場合には、彼女はコミュニケーションブックに載っている線画シンボルを指さします。彼女は、毎日のスケジュールを示すためにも、読みの学習の際の補助としても、線画シンボルを使っていました。休憩時間や昼食時間にも、彼女はクラスメートと一緒にコミュニケーションブックを見ながら楽しそうに過ごしていました。コミュニケーションブックには、パメラやパメラの家族や友だちが、楽しい活動（ハロウィーンの仮装など）をしている絵や写真が貼ってありました。

　書字や算数の授業には、パメラは字を書くためにコンピュータを使っていました。というのは、彼女は鉛筆と紙を使って字を書くことが難しかったからです。また家庭では、妹や父親とコンピュータゲームを楽しんでいました。さらに、彼女は挨拶をしたり、助けを求めたり、あるいは嫌いなことに対して「いや」と言うように、限定はされているものの話し言葉も使っていました。

パメラはとても幸せな子どもです！　彼女は家族からも学校からも十分なサポートを受けていました。家族も教師も、彼女の話し言葉が限定されていても、それは彼女には話したいことがないということを意味しているわけではないと理解しており、また彼女に適した拡大・代替コミュニケーション（AAC）システムを提供するよう、最大限の努力をしていました。私たちがそうしているように、パメラも状況に応じていろいろな方法でコミュニケーションをしています。1種類のAACエイドで、子どものコミュニケーションニーズすべてが満たされるわけではないので、複数のアプローチを組み合わせることが必要になります。これは、コミュニケーションの学習を始めたばかりの自閉症の子どもを支援する際には、いつも覚えておくべきことです。この章では、子どもが使うことのできるシンボルや機器を組み合わせたものを、AACシステムと呼びます。

## AACとは何か？

拡大・代替コミュニケーション（AAC）という言葉は、表出性コミュニケーションの障害を補うための介入を意味しています。**拡大**（augmentative）という語は、これらの介入によって、既存のコミュニケーション手段（話し言葉を含む）を使って効果的なコミュニケーションが可能になることを意味しており、**代替**（alternative）という語は、話し言葉に代わるコミュニケーションシステムを一時的あるいは永久的に使用することを意味しています。

話し言葉に代わる、あるいはそれを拡大するために用いられる主なモダリティには、以下のものがあります。

- ■残存する話し言葉
- ■発声
- ■絵やそれに関連した視覚シンボル（写真から文字まで）

- 点字
- 身振り（アメリカ手話などの公式なシステムだけでなく、非公式なものを含む）
- 電子機器（目の動きを含め、身体の動きによって操作できるもの）

これらのモダリティについては、この後で詳しく紹介します。

障害者教育法（IDEA）では、AAC は「支援工学（assistive technology）」の一つとみなされています。最近（1997年）の IDEA の修正では、支援工学を利用するためのアセスメントを受ける権利をすべての子どもが持っている、と規定されています。ある子どもに AAC を含む支援工学の利用が適切であると判断されると、公立学校はその子に適した機器や装置（およびそのための教職員の研修）を提供する義務を負います。その際、子どもの家族が金銭的負担をすることはありません。親や教師は、子どもにそうした支援が必要かもしれないと考えた場合には、その子の教育支援チームの助言者として、AAC 専門士（AAC specialist）の参加を要請しなければなりません。

AAC 全般についてさらに詳しい情報がほしい人には、国際拡大代替コミュニケーション学会（ISAAC: International Society for Augmentative and Alternative Communication）が専門職および一般の人に提供している情報が役に立ちます。（訳注：ISAAC については、次の公式ホームページを参照してください。http://www.isAAC-online.org/en/home.shtml）

## なぜ AAC を使うか？

AAC を適用することによって、話し言葉を持たない自閉症の子どもたちのフラストレーションを軽減することができます。第3章で述べたように、代替コミュニケーションスキルを教えることは、フラストレーションから生じる行動問題を予防もしくは軽減する方法の一つです。AAC はた

とえば、かんしゃくを起こしたり泣き叫んだり問題行動を起こす代わりに、欲しい物や助けや活動中の休憩を要求することを教えるために使えます。この目的のためには、手指サイン、写真、線画などを使うよう教えます。いずれかのモダリティでコミュニケーションができるようになると、遊びや学校での活動に参加しやすくなったり、周囲の子どもたちから受け入れられやすくなることが期待できます。

## 話し言葉の発達についてはどうか？

　自閉症の子どもへのAACの適用で、多くの親や教師が心配することの一つは、話し言葉にどのような影響があるか、ということです。しかし、心配はいりません。AACによって話し言葉の発達に悪影響が及ぶことはないという十分な証拠があり、それどころか、話し言葉の発達が促進される子どももいるのです。たとえば第6章では、コミュニケーションのためのシンボルの使い方を子どもに教えるアプローチの一つとして、PECS(the Picture Exchange Communication System)を紹介します。そこでは、PECSを用いてコミュニケーションをしていた子どもたちの中には、その後、話し言葉が出るようになった子どもも少なくないことを示す研究結果をいくつか紹介しています。PECSで30から100のシンボルを使えるようになった子どもは、その時点で話し始めることが少なくありません。多くの子どもたちは話し言葉だけでコミュニケーションができるようになり、そのときにはPECSを使わなくなります。

　AACによって話し言葉の発達が促進されることは、重度の障害をもつ13人の児童生徒（うち2人は自閉症）を対象とした研究の結果からも支持されます。対象児は全員、この研究が開始された時点で、話せる言葉は10語以下でした。対象児たちは2年間にわたって、拡大ランゲージシステム(SAL: the System for Augmenting Language)と呼ばれるAACを用い

た介入を受けました（Romski & Sevcik, 1996）。対象児ごとに、文字付きのシンボルを用いたコミュニケーションディスプレイが作成されました。このディスプレイは小型の電子機器の上に取り付けられており、子どもがそのシンボルに触れると音声が出るようになっていました（たとえば、"ジュース"のシンボルに触れると「ジュース」という音声が出ます）。また、コミュニケーションの相手となる人たちには、自然な会話で話しながらその電子機器を使うように、と教示しました。たとえば、親が子どもに「ジョニー、外へ遊びに行きましょう」と言いながら、"外"と"遊び"のシンボルに触れるのです。子どもたちには、強制ではありませんができるだけ1日中その機器を使うように、と励ましました。

　自閉症の子ども2人を含む13人中7人において、この研究の実施期間内に、明瞭な話し言葉の割合が増加しました。この結果について研究者たちは、それぞれのシンボルに触れた直後に機器から出る音声がモデルとなり、話す能力の発達が促進されたのではないか、と考察しています。

　AACシステムとしてサイン・ランゲージを使っても話す能力への悪影響は見られない、という証拠もあります。自閉症の子どもが200以上のサインが使えるようになり、それらを組み合わせて使えるようになったとき、その子どもたちの多くは機能的な話し言葉も獲得したとする研究もあります（Layton & Watson, 1995）。

　これらをまとめると、AACの適用によって話す能力の発達に悪影響があったり抑制されるといった証拠はなく、よい影響を示す研究結果が増えていると言えます。

## AACシンボルのタイプ

　話し言葉を用いないコミュニケーションでは、代替シンボルを使う必要があります。シンボルとは、別の何かを象徴するものです。AACシンボ

ルは、非エイド・シンボル（unaided symbol）とエイド・シンボル（aided symbol）の２種類に大きく分けられます。非エイド・シンボルは機器や用具を必要としないもので、身振り、ボディ・ランゲージ、発声、手指サインなどが該当します。エイド・シンボルはコミュニケーションブック、音声出力装置（voice output communication device）、コンピュータなど、何らかの機器や装置を利用するものです。以下では、一般に広く用いられているAACシンボル（非エイド・シンボルおよびエイド・シンボル）を紹介し、それぞれの長所と短所について考えます。

## 非エイド・シンボル

### 自然な身振りとボディ・ランゲージ

　子どもは話せるようになる前に、コミュニケーションのためにいろいろな身振りを使うようになります。これらの身振りの中には、何らかの動作が自然な形で身振りになったものがあります。たとえば、指さしは何かに手を伸ばす形とよく似ています。また、動作の延長やパントマイムのような身振りもあります。たとえば、バスケットボール選手が試合中にフリースローをしようとしたとき、相手方の選手が首に両手を押し当てている（訳注：自分で自分の首を絞める動作をすることで、フリースローをする選手にプレッシャーをかけている）のを見たら、フリースローをする選手は自分自身に向かって「プレッシャーに負けて自分で自分の首を絞めないようにしよう」と言いきかせるかもしれません。さらにまた、よりフォーマルで、話し言葉と同様にある文化の中でのみ意味をもつ身振りもあります。たとえば北アメリカでは、指で作った"Vサイン"が「勝利」もしくは「平和」という意味だということをほとんどの人が知っています（どちらの意味かは、そのサインをしている人の年齢によってだいたいわかります）。

　多くの身振りは手の動きを含むものですが、メッセージを伝えるために

それ以外の身体部位も使います。たとえば、疑問を感じたときに肩をすくめたり、困ったときに顔をしかめたり、助けを求めるときに腕を差し出したりします。もっともよく使われている身振りは、うなずいたり頭を振ったりして「はい」と「いいえ」を表現することでしょう。

　私たちはいろいろなメッセージを伝えるために身振りを使います。おそらく、もっともはっきりしているのは、欲しい物や必要性を伝えるためのコミュニケーションでしょう。たとえば、子どもに２つのおもちゃを見せ、「どっちで遊びたい？」と尋ねるとき、私たちは、子どもがどちらかを指さすか欲しい方を取ることを期待します。同様に、平均的な発達をしている子どもは２歳以前でも、助けが必要なときには、その物を大人のところに単に持って行けばよいということを学習しています。この年齢の子どもは、興味のある物や出来事を指させば、周りの人たちがそれを見てくれることも学習しています。「やあ」とか「バイバイ」と手を振ったり、投げキッスをしたり、"いないいないばあ"をするなどの身振りは、純粋に社会的な理由で使います。これらの身振りは、友だち同士あるいは子どもと大人の間でスムーズな社会的相互作用をしていく上で、きわめて重要なものです。

### 身振りはなぜ重要か？

　自閉症の子どもにコミュニケーションスキルを教える際によくある間違いは、コミュニケーションシステムの要素としての自然な身振りの重要性を無視することです。こうした間違いが起きるのは、多くの親や教師が、コミュニケーションスキルを「二者択一」と考えているからです。すなわち、この子どものコミュニケーション法は、これかあれか、と考えてしまうのです。もちろん、この考え方は間違いです！　自閉症の子どもはコミュニケーションとは何かということに関する学習がきわめて困難なので、理解でき社会的に適切なあらゆる形式のコミュニケーションに反応し、使うように励ますことが重要なのです。たとえば、ジョシュアがおやつをも

らうために、父親の手を取って食器棚のところに連れて行くとき、またジュアニータが転んで膝をすりむいて泣くとき、誰かに気づいてほしいメッセージ(「何か欲しい」「痛い!」)を伝えているのです。

### 身振りを使わせるためにはどうしたらよいか?

　自閉症の子どもにコミュニケーションのための身振りを使わせるようにするためには、遊びの中での相互作用を用いるとよいでしょう。たとえば、ジョシュアの父親は毎晩寝る前に彼と「ロウ、ロウ、ロウユアボート」ゲームをしています。ジョシュアと父親は向かい合って足の裏を合わせて座り、手をつなぎます。父親が「ロウ、ロウ、ロウユアボート」と歌い、それに合わせて2人で身体を前後に揺らします。何小節かごとに、父親は歌うのをやめ、ジョシュアが続けてほしくて手を引っ張るか何らかの声を出すのを待ちます。最初にこのゲームをしたときには、ジョシュアは何をすべきかわかっていなかったので、父親が歌を途中でやめても、ただじっと座っているだけでした。しかし少しずつ、父親が歌を途中でやめたときに、何らかのボディ・ランゲージや発声をするようになりました。そのとき、父親はすぐに反応し、ゲームを続けました。ジョシュアの行動に反応することによって父親は、「もっと!」と要求することをジョシュアに教えるという、重要な指導を行っていたのです。間もなくジョシュアは他の場面、つまり何かを「もっと」してほしい別の場面でも、誰かの手を引っ張って、何らかの発声をするようになりました。

　遊びを通しての指導は、別の遊びでもできます。たとえば、抱っこされてぐるぐる回してもらうことが好きな子どもなら、最初、抱っこしてぐるぐる回した後、子どもを降ろして、もっとやってほしそうに手を伸ばしてくるのを待ちます。最初は、あなたが子どもの手を取って、「もっとやってほしいの?」などと言ってあげる必要があるかもしれません。そして子どもの方から手を出してくるように、子どもの手を取るのを徐々にやめていきます。これらの例から、毎日の遊びなどを通して身振りの使用を教え

るのは難しくないということをわかっていただけるでしょう。

## 身振りはどのようにして直接教えるか？

　平均的な発達をしている子どもたちは、大人や他の子どもの身振りを模倣することによって、コミュニケーションのために身振りを使うことを学習しているようです。ほとんどの自閉症の子どもは、身振りを用いてコミュニケーションすることが困難ですが、その一つの理由は、模倣が困難であるためと考えられています（Stone, Ousley, & Littleford, 1997; Stone, Ousley, Yoder, Hogan, & Hepburn, 1997）。したがって、自閉症の子どもに身振りを使うことを直接どのように教えるかは、その子どもが示している他のスキルがどのようなものであるかによります。

　もし子どもが頭と手の動作模倣ができるのであれば、さまざまな身振りとその意味を実際にやって説明する指導方法が有効でしょう。一方、動作模倣ができない子どもの場合には、それは有効ではないでしょう。この場合には、身振りの使用を含むさまざまなスキルを獲得させるために、まず模倣することを教えるのが重要です。しかし、模倣を教える際には、すべき動作ができるよう子どもに身体的なプロンプトをすることによって、役立つ身振りを獲得するよう助けることもできます。

　身振りを教えるために身体プロンプトを使う場合に覚えておいてほしいことは、その身振りが子どもにとって重要となる場面を設定することです。普通よく用いられている場面もしくは重要な場面でその身振りを教えなければ、自発的にその身振りを使うよう学習する可能性は低くなります。例として、挨拶として手を振るという身振りを考えてみましょう。この身振りが適切な動作となる場面はいくつかあります。父親が部屋に入ってきてマークに「やあ」と手を振る場合、これはマークが返事として同じように手を振ることが適切な場面と言えます。さらに、マークが部屋に入ってきたときに父親が手を振らなかったとしても、この場面はマークが自分から父親に向かって手を振る場面としては適切です。このような自然な場面は、

挨拶として手を振ることをマークに身体プロンプトする「指導者」（この場面では、母親などの大人）にとって申し分ない機会です。

身体プロンプトは子どもの手を持って行うプロンプトから始めることが多いですが、指導の流れの中で、プロンプトの強さや種類は徐々にフェイドアウトします（つまり、徐々に小さな弱いプロンプトにしていきます）。一般に、身振りをした結果の重要性が子どもにとって高いほど、身体プロンプトをされても子どもはがまんします。子どもが挨拶として手を振った結果、父親がポジティブにしかも感情を込めて反応を返せば、その身振りを挨拶として学習する可能性は高くなります。

社会的な身振りを模倣することを自閉症の子どもに教えることに関して、さらに詳しい情報がほしい人は、*Reaching Out, Joining In: Teaching Social Skills to Young Children with Autism*（Weiss & Harris, 2001）を読むとよいでしょう。

### 身振りを理解することを子どもに教えるのはどうするか？

身振りを理解することを子どもに教えるのは、身振りを使うことと同じく大切です。そうでないと、さまざまな場面でメッセージを効果的にしかも速く伝えるのが難しくなります。たとえば、子どもが理解すべき重要な身振りの一つは、私たちが何かを指さして、何かを伝えようとしている場面です。この場面では通常、私たちは少なくとも、指さしている物を子どもに見てほしいのです。指さした物を子どもに持ってきてもらいたい（「あれを持ってきて」）ときもありますし、指さした方に何かを持って行ってほしいとき（「あっちに持って行って」）や、指さした場所にとどまってほしいとき（「そこで待っていなさい」）もあります。普通、私たちはメッセージをよりはっきりと伝えるために、指さしと同時に言葉でも指示します。しかし、指さしは相互作用の中で重要な要素となっています。同様に、「バイバイ」と手を振ったり、ハイタッチをしたり、賛成の意思表示として拍手するといった社会的な決まりごとを意味する身振りは、コミュ

ニケーションが有効で能率的だと子どもが理解するために重要なものです。

子どもに身振りの理解を教えるためには、まず、教えようとしている身振りが子どもにとって本当に重要なものかどうかを確認しておく必要があります。たとえば、先ほどの指さしの例に戻って、ハリーの場合を考えてみましょう。ハリーはジグソーパズルが好きで、ピースをはめて完成させることを楽しんでいました。そこで母親は、重要なピースをいくつかあらかじめ抜いて、残りを箱の中に入れておきました。彼女が何かを指さしたときにそれが何を意味するかをハリーに教えるため、興味を与える場面を作ったのです。ハリーが次に入れるピースを探し始めたとき、母親は箱を指さし、すぐにその箱を指で叩きました。ハリーはその音を聞くと箱の方を見、蓋を開け、ピースを1片取り出します。何回かこのようにした後、指さした後すぐに箱を叩くのはやめ、指さしと箱を叩く間隔を徐々に長くしていきました。やがてハリーは、次のピースを取り出すシグナルとして母親の指さしに反応するようになりました。この**時間遅延法**（time-delay technique）は、他のタイプの身振りの理解を教える際にも適用できます（時間遅延法については、Heckaman, Alber, Hooper, & Heward〔1998〕を参照してください）。

### 手指サイン

ろうの人たちが使っている手指サインという言語システムをご存じでしょう。耳は聞こえていても話したりそれを理解したりすることが困難な人、たとえば自閉症の子どもにも、手指サインは選択肢の一つになります。手と指の動き（他の身体の動きを補助的に使うこともあります）で、文字、単語、句を作る方式には、いくつかのものがあります。

手指サインは、表出言語としても受容言語としても使うことができます。手指サインの**入力**（理解）は、子どもとコミュニケーションをする人が話すときに補助的にサインを使うときに生じます。たとえば、教師がフェリシアに話しかけながら、同時にそのメッセージのキーワードをサインで示

す場合です。算数の時間なら、教師はフェリシアに「本と鉛筆を出しなさい」と言いながら、「本」と「鉛筆」と「出す」のサインを出します。話すだけでなくサインも出す方が、フェリシアが注意を向けやすいようで、指示により正確に従うから、そうするのです。もちろん、話す言葉にサインを加えた方がよく聴いているように見えるのに、実際には視覚的手がかりのみに頼っている子どもたちもいます。各々の子どもについて、入力のモードを組み合わせることが本当に助けになっているかどうかを検討する必要があります。

　手指サインの**出力**（表出）は、自閉症の子どもが人とコミュニケーションするために手指サインを用いる場合に生じます。たとえば、マットが家庭でファミコンをしたいときに、手指サインを使う場合です。彼は母親の方を見て、「ファミコンがしたい」という手指サインを作ります。

　手指サインは、話し言葉のない自閉症の子どもたちに一番よく用いられているコミュニケーションシステムです。その理由の一つは、その「携帯性」と特別な機器を必要としないことです。しかし、手指サインよりも具体的で永続性のあるシンボルを使うAACシステムの方が使いやすい自閉症の人も多いのです。たとえば、絵や線画などの視空間的なコミュニケーションシンボルは、多くの自閉症の子どもにとって有効性の高いものです。さらに、ほとんどの親、教師、クラスメートは手指サインを理解できませんし、手指の不器用さなどのためにサインの形を作れない自閉症の子どももいます。

　出力として子どもに手指サインを教えるべきかどうかの判断は難しいので、その子どもに教育支援を行っている人たちのチームとしてその判断を下すべきでしょう。その際に検討すべき要因には、以下のものがあります。

- ■模倣や身体プロンプトによってサインを学習できるか？
- ■運動スキルの程度は？
- ■サイン・ランゲージの語彙と他のモダリティの語彙では、どちらを速く獲得できるか？

- 他のシステムと比べて、そのシステムの携帯性はどうか？（手はいつでもどこでもその子どもと一緒です）
- そのサインは他の人たち（学校、家庭、地域社会）から理解されやすいか？

## エイド・シンボル

### 実　物

多くの人が学習しやすいもっとも簡単なエイド・シンボルは**実物シンボル**（real object symbol）で、これは活動、場所、物を表す三次元の物体（あるいは物体の一部）です。たとえば、マルシアは欲しい物を要求したり他の人に情報を伝えたいときに、実物シンボルを用います。のどが渇いているときには、飲み物を要求するために、教師のところにコップを持って行きます。車に乗って外に出たいときには、車の鍵を母親のところに持って行きます。公園から帰宅したら、公園で遊んだフリスビーを妹に見せることによって、何をしてきたかを伝えます。

マルシアにとって、コップ、鍵、フリスビーは、「のどが渇いています」「車に乗って外に出たいです」「公園に行きました」ということを表すシンボルとなっているのです。これらのシンボルがマルシアに選ばれたのは、彼女はいつもコップで飲み物を飲み、母親がその鍵を使うのを見ており、公園にはいつもフリスビーを持って行くからです。彼女は経験を通して、そのシンボルとそれが意味する活動を結びつけて考えることを学習していたのです。実物を使うことの短所は、携帯性が限られていること（ミニチュアを使うことによって改善されますが）と、必要なときに使えない場合があることです。

### 写　真

**写真シンボル**は実物シンボルと比べると、象徴性が高くなるため、学習

がより難しいと言えますが、とても役に立ちます。AACシステムの一部として、写真は、人、場所、活動、物を表すために用いることができます。たとえば、ホアは高校の食堂で昼食を注文するときに、食べ物の写真を使っています。家族の写真を使って、クラスメートに自分の家族のことを伝えたり、教師に絵ハガキや写真を見せ、休みの日にサンディエゴに行ったことを伝えることもできます。

写真の長所は、実物シンボルよりも持ち運びが簡単なことです。短所は、カメラで撮影したり買ったり雑誌などから切り抜いて作るため、作成に時間がかかることです。しかし最近では、デジタルカメラで簡単に写真シンボルを作ることができるようになりました。デジタルカメラで撮った写真は、さまざまなソフトウエアを使って、コンピュータにファイルとして保存したり加工することもでき、とても便利です。役に立つ写真は容易にコピーして共有でき、あまり使わないものは破棄できます。カラーコピーも最近では安価になり、カラーのシンボル（写真でも描画でも）の作成もできます。しかし、色がついていることによってシンボルを使いやすくなる子どももいますが、全員がそうとは限りません。訓練の初期には、白黒の写真（あるいは線画）の方が反応しやすい子どももいます。

### 線画シンボル

**線画シンボル**は、人、場所、活動、物、行為（食べる、座る、寝る、など）、感情（うれしさ、怒り、退屈など）、叙述（熱い、少ない、上、下、など）や社会的エチケットのメッセージ（どうぞ、ありがとう、など）を表すために、白黒やカラーでそれらを描写したものです。さまざまな形や大きさ（カードに文字を記入したものも含めて）のいろいろな種類の線画シンボルが、さまざまな会社から販売されています。広く用いられているものとしては、ピクチャーコミュニケーションシンボル（PCS: Picture Communication Symbols©）があり、メイヤー・ジョンソン社から発売されています。PCSはバインダーに3,000個のシンボルが入っており、コピ

ーして1ページに貼り付けることもできます。また、Boardmaker™ というソフトウエアを使えば、PCS シンボルをコミュニケーションディスプレイに表示することもできます。

### 文　字

　ここで取り上げる最後のタイプのシンボルは、A、B、C、D などの**文字シンボル**です。私たちは毎日、考えていることや何かを表すために文字を組み合わせて単語や文を書いています。あなたも今、この本を読むために文字シンボルを使っています！　字を読める自閉症の人も、コミュニケーションのために文字や単語を使うことができます。

　たとえ、伝えたいこと全部を読めるわけではなくても、単語はいくつかのことを伝えるために役立つでしょう。たとえば、ジョーダンは、「ケロッグ・ライスクリスピー（Kellogg's Rice Krispies）」や「ピーナッツ・バター」など、自分がいつも食べているものの単語はたくさん理解できます。彼が携帯しているコミュニケーションブックには、それらの食べ物のページがあります。食べたいものがあると、彼はコミュニケーションブックの中のその単語を指さします。

　文字シンボルの長所は、たくさんのシンボルを1ページに収められること、それを読める人なら誰でも容易に理解できることです。短所は、文字を読めない自閉症の人は、効果的に使えない点です。**文字を読む**（書かれた単語を言える）ことと、**理解する**（単語を適切に用いることができたり、その単語が意味する通りに行動できる）ことを区別できることが大切です。

## AAC エイド

　これまで非エイド・シンボルとエイド・シンボルについて見てきましたが、以下では、それらを使って何をするかということと、子どものコミュ

ニケーション支援のためにどのように用いるか、ということを考えてみましょう。AACエイドは、非電子的あるいは「ローテク」と呼ばれるもの、および電子的あるいは「ハイテク」と呼ばれるものの2種類に大別されます。

## 非電子的（ローテク）エイド

　**非電子的**あるいは**ローテク**と呼ばれるエイドには、次のようなものがあります。

- コミュニケーションブック……たとえば、厚紙やビニールの表紙が付いていて、相手に伝えたい絵カードをその表紙の上に貼り、他の絵カードは中に入れておけるようになっているもの。シンボルを指さして使うタイプや、マジックテープでシンボルが貼られていて必要に応じて取り外すタイプがあります。取り外しができるものは、第6章で紹介するPECSでも使われています。
- コミュニケーションボード……絵をプリントしたものや、絵カードを貼り付けたものがあります。ラミネート加工で絵を保護してあります。
- コミュニケーションワレット……プラスチック製の透明なカードホルダーに、写真やその他のシンボルを入れておきます。
- ウェストポーチ……ウェストポーチの中に、実物シンボルや他の重要なアイテムを入れておきます。
- その他……手帳、メモ帳、ポストイットなど。

　ほとんどの人は、それとは気づいていなくても、非電子的なAACエイドを日常的に使っています。仕事の予定を忘れないように、あなたはいつも手帳などを持ち歩いていませんか？　買い物には、買い物リストのメモを持って行きませんか？　職場の同僚や近所の人に見せるために、家族の写真を定期券入れに入れていたことはありませんか？　レストランで、メ

ニューに書いてある外国語の単語や写真を指さして注文したことはありませんか？　これらはすべて、コミュニケーションのための非電子的エイドです。

　すべての AAC エイドについて言えることですが、コミュニケーションのための「ローテク」エイドにも長所と短所があります。長所としては、比較的安価であること、携帯や持ち運びをしやすく作れること、個々の必要に応じて柔軟に変えて使えること、があります。たとえば、ある子どもは、外遊び用の遊具のシンボルをいくつか輪に通して、ベルトに付けています。そうすることで両手を自由に使って遊ぶことができ、次に遊びたいもの（たとえば、ブランコやすべり台など）をそのシンボルから選ぶことができます。短所としては、子どもが必要としているメッセージ（シンボル）を、誰かが責任を持って更新し続ける必要がある、という点です。もちろん、これは電子的エイドでも言えることです。

## 電子的（ハイテク）エイド

　何らかの動力源（たとえば、バッテリーや電気）で作動する多くの**電子的**あるいは**ハイテク**コミュニケーションエイドも利用できます。電子コミュニケーション機器の基本的な長所は、その機器からの出力は、子どもがコミュニケーションしたい相手から確実に理解されるという点です。単語や文は、ディスプレイに表示されたり、紙に印字されたり、音声として出たりします。たとえば、子どもが音声出力装置のシンボルに触れると、プログラムされたメッセージが音声で出ます。

　「ハイテク」エイドの中には複雑で高価なものもありますが、プログラミングや操作が比較的簡単なものもあります。たとえば、AbleNet 社の BIGmack はマイクロスイッチの付いた小さな機器で、押すと、録音された 1 種類のメッセージが最長20秒間音声で出てきます。メッセージの録音は数秒でできますし、誰の声でも録音することができます。新しいメッセ

ージは古いメッセージに上書きする形でいつでも録音できます。そのため、たとえば、メッセージの録音を誰かに手伝ってもらえば、幼稚園児くらいの子どもでも、以下のように BIGmack を使えます。

1．学校に着いたとき、先生やクラスメートに「おはようございます」と挨拶ができます。
2．クラスメートと一緒に「忠誠の誓い」を朗唱できます。
3．ランゲージアートの時間には、先生が読んでいる物語の繰り返しの部分を「朗唱」して、授業に参加できます。
4．輪になって鬼が誰かの頭に触る「ダック、ダック、グース」ゲームでも、「ダック、ダック、グース」と言えます。

もちろん BIGmack だけですべてがうまくできるわけではありませんが、創意工夫をすれば、学級での諸活動への参加促進という点ではとても役に立ちます。その他、基本的な電子的エイドとしては、MessageMate（Words+ 社）や Parrot（Zygo Industries 社）などがあります。

　20件以上のメッセージ（1,000以上のものもあります）を出力できるものもありますが、より複雑なものなので、プログラムや操作は難しくなります。もちろん、こうした電子的エイドの長所は、きわめてたくさんのメッセージ（たとえば、「こんにちは」「助けてください」「休憩させてください」「トイレに行きたいです」など）を前もってプログラムできることです。さらに、これらの機器の多くは、他にも機能が付いています。たとえば、プリンター、電卓、長い文章やスピーチを保存できる大容量の記憶媒体、一般のコンピュータと接続できるインターフェースなどです。これらの機器には、Alpha Talker や Walker Talker（Prentke Romich 社）、Macaw（Zygo Industries 社）、Digivox（Dynavox Systems 社）、Speaking Dynamically（Mayer-Johnson 社）などがあります。現在、大多数の電子的エイドでは、デジタル化された人の声か高品質の合成音声が使われています。メッセージを流すためのボタンの大きさは問題ではありません。現在のハイテク・エイドのほとんどは、使う人の運動スキルに応じてカス

タマイズできるからです。

　コスト面（価格は200ドル以下から、10,000ドル以上のものまで）は別にしても、電子的エイドの大きな短所の一つとして、非電子的エイドよりも持ち運びしにくい点と壊れやすい点があげられます。電子的エイドは壊れることがあります（修理には専門家が必要かもしれません）。バッテリーが切れたり壊れることもあります。スイッチが壊れることもあります。場所が変わると持ち運べないものもあります。メッセージをプログラムするのに、定期的に他の人の助けが必要なこともあります。

　加えて、電子的エイドを使えばコミュニケーション上手になるというわけではないことも、強調しておく必要があります。バスケットボールを持ったからといって、誰でもがマイケル・ジョーダンのようになるわけではありません。電子的エイドはコミュニケーションのための**ツール**であり、その使い方を自閉症の子どもに教える際には、他のコミュニケーション手段の使い方を教える場合と同じように、日常生活の中で使われるのと同様の状況で教える必要があります。電子的エイドを、自閉症の子どもたちのコミュニケーション困難への「応急処置」と見なすべきではありません。

## コンピュータはどうか？

　一般のパーソナルコンピュータも、自閉症の子どもに多目的で使える「支援機器（assistive device）」です。AACとしてコンピュータを用いる場合、使用するソフトウエアによって、コミュニケーションのための電子的エイドになったり、それ以外の目的の電子的エイドになったりします。携帯用コンピュータをコミュニケーションのために利用し、特別なソフトウエアでコンピュータが「話す」ようにしている子どももいます。また、学校や家庭での学習ツールとして、字を書くためにコンピュータを使っている子どももいますし、コンピュータゲームを楽しんでいる子どももいます。

自閉症の子どもの多くは、他の子どもたちと同じように、いろいろな理由でコンピュータを利用し、さまざまな利益を得ています。つまりコンピュータには興味をそそる視覚的な入力と出力があり、予測可能で、しかも（もっとも重要なことですが）楽しく使えます。しかし、一人でコンピュータを使い続けるのではなく、他の人との相互作用ができるソフトウエアを選ぶことが大切です。たとえば、交替で遊んだり、注意を共有したり、協力し合うような、2人用のゲームソフトがたくさんあります。自閉症の子どもにはさまざまなソフトウエアを体験させることも大切で、こだわり行動として同じものを繰り返し使わせないようにしたいものです。コンピュータを使う際に、他の子どもと交替ですることや一緒にすることを教えるのは、決まったソフトウエアで一人で遊ぶことの予防にもなります。コンピュータの短所としてはもちろん、価格が高いこと、維持のコストも高いこと、他の電子的エイドと同じく「扱いにくく、壊れやすい」ことがあげられます。

## AACシステムをデザインする

　これまでのところで、使用可能なAACシンボルとAACエイドについて基本的に理解できたと思います。以下では、AACシステムをデザインするために重要な決定事項をいくつか考えてみることにします。使用するシンボルのタイプや、コミュニケーションが可能なメッセージのタイプに関することです。

### シンボルの選定

　それぞれの子どもにどのタイプのシンボルを使うかは、慎重に検討する必要があります。なぜなら、同じタイプのシンボルがどの子どもにも最適

とは限らないからです。もっとも重要なのは、そのシンボルのコミュニケーションのための使い方を、子どもが学習しやすいことです。その子が絵や他のシンボルにどのようなかかわり方をするかについてよく知っているほど、ふさわしいシンボルの選定が容易になります。たとえば、本や雑誌の絵や写真を長時間見ているのであれば、そのようなタイプのシンボルは、コミュニケーションシステムとしてその子が使いやすいものと考えられます。カラー写真からイラストや白黒の線画までさまざまなシンボルを並べたとき、子どもが白黒の線画を一番よく見、手に取ったとすると、そのシンボルから使い始めるという判断ができます。

「どのタイプのシンボルが最適か？」という質問に対しては、コミュニケーションシステムとしてシンボルを使うことを、その子がどの程度容易に学習するかを観察しなければ答えることができません。たとえば第6章ではPECSを紹介しますが、PECSは自閉症の子どもにコミュニケーションスキルを教えるシステムの一つです。PECSではさまざまなシンボルを使えるので、その子にどれがもっとも適しているかを調べることもできます。

## メッセージ

おそらく最重要の決定事項は、その子がさまざまな状況でのコミュニケーションで必要とするメッセージのタイプでしょう。コミュニケーションするメッセージは、その機能に基づいて、以下の4つに分類できます（Light & Binger, 1998）。

1. 要求とニーズ
2. 情報の共有
3. 社会的親密さ
4. 社会的エチケット

**要求とニーズ**メッセージは、コミュニケーションの仕方の学習が一番容

易です。年少の子どもは要求やニーズを伝えることを最初に学習し、「〜が欲しい」「〜ください」「〜はいりません」といった言い方をするようになります。非電子的および電子的コミュニケーションエイドには、食べ物、活動、好きなもの、人について要求するために使うシンボルが入っていなければなりません。また、「いいえ」を伝えたり、休憩や助けを求めたり、一人になりたいことを伝えるシンボルも入っていなければなりません。

**情報の共有メッセージ**は、子どもがクラスメートや教師や家族などと情報を共有するためのものです。たとえば、多くの親は子どもが学校から帰ってきたときに、「今日は学校で何をしたの？」と尋ねます。さらに、子どもは授業で質問したり答えたりするときなど、もっと複雑な情報を交換しなければならないときがしばしばあります。授業中に使う語彙に対応したシンボル（たとえば、動物園について話し合うときには動物のシンボル、その月の祝祭日について話し合うときにはそれに対応したシンボルなど）があると、子どもは情報を共有しやすくなりますし、活動への参加も促進されます。

コミュニケーションの目的が、欲しい物を手に入れたり情報を共有することではない場合も、よくあります。たとえば、単に他の人と一緒に楽しむことが、コミュニケーションの目的である場合があります。自閉症の子どもは、このような**社会的親密さ**を持てるようになる必要もあります。自閉症の子どもは、他者からの注目を得たり、よい方法で人とかかわり合ったり、ユーモアを用いたりできるようになる必要があります。彼らのコミュニケーションシステムの中の少なくともいくつかのシンボルは、社会的親密さに関するメッセージ（たとえば、「遊びに行こう！」「すばらしい！」「好きよ」など）に関するものでなければなりません。

最後に、コミュニケーションの4番目の目的は、その文化の中で重要とみなされる**社会的エチケット**としての決まりごとに関することです。たとえば北アメリカでは、ある決まった状況では「どうぞ」「ありがとう」「すみません」と言うのが当たり前とみなされています。誰かと会ったり別れ

たりするときには「こんにちは」とか「さようなら」と言い、もし手を差し出されたら握手をすることが礼儀正しいとみなされています。コミュニケーションディスプレイを使っている生徒には、その文化で受け入れられ礼儀正しいとみなされる方法で他の人とかかわることができるシンボルを使えるようにしておく必要があります。

　これら4つの種類の中から、どのメッセージをディスプレイ上で使えるようにするかは、どのようにして決めるのでしょうか？　そのためには、次のような質問を考えてみてください。

- ■ 子どもが日常的（たとえば毎日）あるいは頻繁（たとえば1日に数回）にコミュニケーションする必要のあるメッセージはどれか？
  挨拶する、助けを求める、「はい」、「いいえ」、基本的な要求やニーズ（トイレ、水、食べ物など）を伝える、「お願いします」「ありがとう」といった礼儀に関すること、などがあります。

- ■ 家庭や学校での活動への参加（たとえば、情報の共有）を促進するのはどのメッセージか？　たとえばある2年生の子どもは、図工の作品や学校の集会でもらったチラシなど、さまざまな活動の「名残」を見せることによって、その日学校でしたことを母親に話します。

- ■ 子どもが社会的相互作用に加わりやすいのはどのメッセージか？
  たとえば壮行会に参加している高校生は、BIGmackを使って「ゴー！　ゴー！　行け！　行け！」といったメッセージを発信する必要があるかもしれません。また何歳の子どもでも、写真、カード、雑誌のグラビア、楽しかったことの記念の品などの入ったスクラップブックを使って、家族のこと、以前の楽しかったこと、バスケットボールのスター選手や車など自分の好きな話題、などについて話したいと思うでしょう。

　これらのガイドラインを見ると、多くの子どもが毎日たくさんのメッセージを伝えようとしていることがわかるでしょう。最初は、もっとも興味

のあるメッセージに関するシンボルを使うよう子どもに教えることから始めるとよいでしょう。しかし、「食べる」「飲む」「トイレ」「ジュース」「クッキー」「パズル」など、「要求とニーズ」メッセージを伝えるコミュニケーションに限定しないことも大切です。それだけだったら、なんと退屈でしょう！　コミュニケーションシステムは、子どもの社会的ニーズ、学習上のニーズ、その他のニーズなど、多くのメッセージを伝えられるものでなければなりません。

## 子どもに AAC システムの使い方を教える

　AAC システムを導入する最初のステップは、家族と専門職が集まってチームとして、子どもの現在のコミュニケーションスキル、運動スキル、学習スキル、および困難などについて話し合うことです。この話し合いで得られた情報は、その子どもに適した AAC システムの選定とデザインに役立つはずです。チームの各メンバーは、その子とかかわっている経験から得た知識に基づいて、その決定に大きな役割を果たすでしょう。その子が学校や幼稚園に在籍している場合や早期介入プログラムを受けている場合には、チームには両親、子ども本人、教師、言語聴覚士、関連サービス提供者、心理士、あるいは学習コンサルタント、学校の管理職などがメンバーとして入るべきでしょう。

　子どものニーズが確認されたら、サービス提供機関は両親などと話し合って、それらのニーズに対応するためにどんなサービスを提供するかを決めます。チームのメンバーたちは、コミュニケーションシステムの導入に必要なものを揃える計画や、子どもにその使い方を教える計画を立てます。それと同時に、チームメンバーは、AAC システムの学習について測定可能な形で年間目標を立て、その目標を達成するためのもっとも効果的な指導計画を立てます。また、測定可能な形で中間目標（評価基準）を設定し、

後半の6ヵ月の進歩を評価できるようにします。これらの情報はすべて、子どもの個別教育計画（IEP: Individualized Education Program）や個別家族支援計画（IFSP: Individualized Family Service Plan）に記載します。以下に示したものは、年間目標と中間目標の例です。

　**年間目標**　キムは大人やクラスメートに、欲しい物を要求します。
　**中間目標1**　キムは欲しい物を見たら、大人に近づき、自分のコミュニケーションエイドの絵カードメッセージを1枚作動させます。これを、プロンプトなしで、学校に行く日には1日に最低20回行います。
　**中間目標2**　キムはグループでの美術活動で、活動に必要なものを2つ、プロンプトなしでクラスメートに要求します。これを3回の美術の時間で毎回行います。

　IEPやIFSPには、誰が、何を、いつ、どこでするかを記載します。多くの場合、言語聴覚士が子どものAACシステムの専門職とみなされます。これは、子どもに教える語彙を決めたり、その語彙をどのような場面でどのように使うかを、言語聴覚士が子どもに教えるということです。

　言語聴覚士は、家族を含む他のチームメンバーとも協力して、子どもがあらゆる場面でAACシステムをできるだけ効果的に使えるようにしていきます。AACの指導「計画」がチームによって作成されるのと同じように、これにもチームで取り組まなければなりません。子どもが上手にコミュニケーションできるようになるためには、子どもにかかわる人全員が、次のことに留意せねばなりません。

　　■その子どものAACシステムがどのようなものかを知っておきます（たとえば、子どもはどのようにして電子的エイドのスイッチを入れ、どのようにして語彙を使うか？　子どもが使う手指サインは何を意味しているか？　子どもが使う絵カードは何を意味しているか？）

- コミュニケーションが必要な場面を作って、子どもが他の人とコミュニケーションしやすいようにします。
- 計画遂行の責任者に、AACシステムの効果を最大限にするためにどんなステップを加えるかを考えてもらいます。これには、さまざまな活動で他の子どもとかかわりを持つ機会を作ることや、子どもが伝えようとすることを理解できる人が学級で一人だけということにはしないことなどが含まれます。

## 最後に

　これまで見てきたように、自閉症の子どもに適したコミュニケーションシステムを決める際に検討すべきことはたくさんあります。使用するシンボルのタイプ、伝えるべきメッセージ、その他たくさんの要因について検討しなければなりません。もし、あなたが最初からすべてを「間違いなくやる」ことが求められていると考えると、それは大きな負担になってしまいます。もっとも経験豊かなAACの指導者であっても、特定の子どもに一番ふさわしい対応策を見つけるためには、さまざまな試みをやってみる必要がある、というのが現実です。ですから、負担に感じる必要はありません。次のことを覚えておいてください。……話し言葉でコミュニケーションできない子どもを支援することは、おそらくあなたが提供できる最高に価値ある贈り物です。

**引用・参考文献**

*Augmentative and Alternative Communication.* 専門職向けの季刊雑誌. Decker Publishing, Inc., One James St. South, P.O. Box 620, L.C.D.1, Hamilton, Ontario L8N 3K7 CANADA.

Beukelman, D. & Mirenda, P. (1998). *Augmentative and alternative communica-*

*tion: Management of severe communication disorders in children and adults (2nd ed.).* Baltimore: Paul H. Brookes.

Bloomberg, K. & Johnson, H. (1991). *Communication without speech.* Victoria, Australia: ACER.

Calculator, S. & Jorgensen, C. (1994). *Including students with severe disabilities in schools: Fostering communication, interaction, and participation.* San Diego: Singular Publishing.

Glennen, S. L. & DeCoste, D. (1997). *The handbook of augmentative and alternative communication.* San Diego: Singular Publishing Group.

Heckaman, K. A., Alber, S., Hooper, S., & Heward, W. (1998). A comparison of least-to-most prompts and progressive time delay on the disruptive behavior of students with autism. *Journal of Behavioral Education, 8,* 171-201.

Johnson, J., Baumgart, D., Helmstetter, E., & Curry, C. (1996). *Augmenting basic communication in natural contexts.* Baltimore: Paul H. Brookes.

Layton, T. & Watson, L. (1995). Enhancing communication in nonverbal children with autism. In K.A. Quill (Ed.), *Teaching children with autism: Strategies to enhance communication and socialization* (pp.73-103). New York: Delmar Publication.

Light, J. & Binger, C. (1998). *Building communicative competence with individuals who use augmentative and alternative communication.* Baltimore: Paul H. Brookes.

Lloyd, L. L., Fuller, D., & Arvidson, H. (Eds.), *Augmentative and alternative communication: Principles and practice.* Needham Heights, MA: Allyn & Bacon.

Romski, M. A. & Sevcik, R. A. (1996). *Breaking the speech barrier: Language development through augmented means.* Baltimore: Paul H. Brookes.

Siegel-Causey, E. & Guess, D. (1989). *Enhancing nonsymbolic communication interactions among learners with severe disabilities.* Baltimore: Paul H. Brookes.

Stone, W. L., Ousley, O. Y., & Littleford, C. D. (1997). Motor imitation in young children with autism: What's the object? *Journal of Abnormal Child Psychology, 25,* 475-485.

Stone, W. L., Ousley, O. Y., Yoder, P. J., Hogan, K. L., & Hepburn, S. L. (1997). Nonverbal communication in 2- and 3-year old children with autism. *Journal of Autism and Developmental Disorders, 27,* 677-696.

Weiss, M. J. & Harris, S. L. (2001). *Reaching out, joining in: Teaching social skills to young children with autism.* Bethesda, MD: Woodbine House.

# 第6章

# 絵カード交換式コミュニケーションシステム（PECS）：最初のトレーニング

　最初にアンに会ったとき、彼女は3歳で、自閉症と診断されたばかりでした。彼女は話し言葉や公式のコミュニケーションスキルを持っていませんでした。彼女はお菓子やジュースが好きで、それはテーブル上のポテトチップスやオレンジジュースを食べたり飲んだりすることからも明らかでした。私がポテトチップスを手に持っていると、彼女はそれを見て手を伸ばしてきます。ポテトチップスを軽く握って隠すと、私の指をこじ開けて手に入れようとします。私が持っている物を手に入れようとするとき、彼女はいつもその物だけを見て、私の目を見ようとはしません。私がポテトチップスを強く持つと、泣いてしまいます。自分の手が届かない高さの本棚にポテトチップスや飲み物があるのを見つけると、床に転がって泣きます。彼女は特定のアニメビデオを見るのも好きです。ビデオを消すと、彼女は両親や大人の方へ向かうのではなく、テレビの前に歩いていき、泣いて自分の頭を叩き始めます。

　アンのかんしゃくがますます増え、しかもますます激しくなっていることを、みんなが心配していました。アセスメントをした結果、彼女は簡単な行為の模倣ができず、単純な音や単語の模倣もできないことがわかりました。そこで、彼女が何かを欲しがっていることに気がついたときには、必ず、PECSの使い方を教えるようにしました。それから2日間で彼女は、絵カードを取り、テーブル越しに手を伸ばして、自分が欲しい物を持っている人の手のひらにその絵カードを置けるようになりました。そして1週

間で彼女は、テレビが消されると、好きなビデオの絵カードを取って、隣に座っている母親に手渡すようになりました。彼女が以前より落ち着いた状態になり、両親とかかわる時間が増えたことに、誰もが気づくようになりました。このとき、彼女はまだ模倣もうまくできず、話し言葉も使えませんでしたが、機能的コミュニケーションの最初のステップ（聞き手の存在に気づくこと）を明らかに習得していました。

年少（5歳未満）の自閉症の子どもたちの多くは、教育プログラムや治療プログラムの開始時に、話し言葉やその他の公式のコミュニケーションシステムを使うことができません。話し言葉を持たない子どもの場合、私たちの願いはもちろん、できるだけ早く話せるようになることです。しかし、これまでの章で述べたように、こうした子どもたちの重要な問題は、どのモダリティにおいてもコミュニケーションスキルが欠如していることです。加えて、年少の自閉症の子どもは最初に診断された時点では、動作や音声の模倣が難しい場合が多いこともわかっています。重要な疑問として、次のことがあります。つまり、話し言葉や模倣を必要とせずに、子どもにコミュニケーションを迅速に教える方法はあるのか、ということです。幸いにも、その答えは「はい」です。

　その一つは、**絵カード交換式コミュニケーションシステム**（PECS: the Picture Exchange Communication System）を使う方法です。本章では、このPECSについて詳しく紹介します。私たちはこのシステムの開発に長い時間をかけ、主に年少の自閉症の子どもを対象に発展させてきました（Bondy & Frost, 1994; Frost & Bondy, 1994; Frost & Bondy, 2001）。このシステムの始め方や、より複雑なコミュニケーションスキルへ発展させる方法について、詳しく説明していきます。ここで述べるトレーニング方法の多くは、あらゆるAACシステムの利用法の指導に組み込むことができますし、また組み込まれるべきものと言えます。

## PECS の開発

　12年以上前、私たちは音声模倣も絵の指さしも困難な自閉症の男の子とのコミュニケーションに取り組んでいました。彼の好きな物に対応させた絵を並べ、指さしすることを教えようとしました。しかし、このアプローチの中で、多くの問題にぶつかりました。まず、彼の幼さのせいでもあるのですが、確実に指1本で1枚の絵に触れることが難しかったのです。加えて、外で起きていることに目を奪われながら絵に触れることがよくあったのです。彼が指さしているものを本当に欲しいのか、彼が見ている窓の外のものが欲しいのか、それとも単に指が絵のボードを叩く音が好きなだけなのか、私たちは確信を持てませんでした。

　私たちは、何人かの自閉症の子どもに、何かが欲しいときに絵を指さすよう教えることはできても、誰かに近づくことは教えられなかった、という観察結果にも注目しました。つまり、彼らは部屋の後ろに座ってコミュニケーションボードの絵を指さすことはできても、たまたま誰かがそれを見ていなければ、その指さしは何の意味も持たなくなります。彼らは絵を指さすことを学習したのであって、人とコミュニケーションすることを学習したわけではなかったのです。

　結局私たちは、絵を指さすことを子どもに教えるために用いる伝統的な方法に関心を持ちました。私たちはその分野の他の専門家と同じように、具体物と絵のマッチングを子どもに教えようとしました。たとえば、ボールを見せて簡単な指示をし（たとえば、「合わせて」や「同じものを見つけて」）、対応する絵を指さすことを子どもに教えました。多くの専門家が、具体物と絵のマッチングを教える前に、その子は具体物と具体物のマッチングができるかどうかを確かめる必要があると、アドバイスしています。こうした種類のマッチング指導では、やりとりを始めるのは子どもではなく指導者の方です。私たちが具体物の提示や言語指示でマッチングの手続

きを始めたとき、何人かの子どもはただ絵を指さすだけでした。したがって、そういう子どもたちはコミュニケーションをするのに大人からのさまざまなプロンプトに依存しており、自分からやりとりを始めることはできなかったのです。

　私たちが取り組んでいた男の子は動作模倣が確実にはできなかったので、模倣なしで機能的コミュニケーションを教える方法を考案しなければなりませんでした。幼い子どもは概して、他者を模倣することとは関係なく、コミュニケーションすることを学習できると、私たちは経験上、考えています。つまり、子どもは大人に接近してコミュニケーション機能を持つ行動を行うことを学習しますが、その行動は洗練された公式のメッセージではないのです（たとえば、18ヵ月の女の子は母親を見ながら、同時に、床に落ちたボールに手を伸ばします）。

　そこで、自分がそのとき欲しい物の絵カードを1枚私たちに手渡すことを、この子どもに教えることにしました。典型的なコミュニケーションと同様に、彼女は絵カード（メッセージ）を渡すために私たちに近づく必要があります。私たちは彼女の好物であるプレッツェルの絵カードを作ることから始めました。一人がプレッツェルで彼女を誘い、もう一人が彼女の手を取ってガイダンスし、徐々に、絵カードを手渡してプレッツェルと交換することを彼女に教えました。指導の経過の中で徐々に身体プロンプトを減らし、彼女が欲しがる他の物の絵と活動を「語彙」として加えました。最終的には、何枚かの絵カードを並べて文を作ることを教えました。

　私たちは、これと同じ方法を使って、自閉症の他の子どもたちにもコミュニケーションの仕方を教え、やがてこの方法を「絵カード交換式コミュニケーションシステム（PECS）」と名づけました。この方法によって次のことを成し遂げるのが、私たちの願いです。

　　1．子どもが自分からコミュニケーションを始める（大人からの手がかりに依存しない）。
　　2．子どもはコミュニケーションの相手を見つけて、その人に近づく。

3．子どもは1枚の絵カードを使い、メッセージの趣旨を取り違えない。

私たちは、このコミュニケーション方法を用いることによって、次のような形で、いくつかの潜在的な問題を回避することも期待しました。
1．子どもは大人からのプロンプトに頼る必要がない。
2．この指導の開始前に、動作模倣や言語模倣を学習する必要がない。
3．この指導の開始前に、指示に応じてアイコンタクトすることを学習する必要がない。
4．この指導の開始前に、静かに着席することを学習する必要がない。
5．子どもは、まず最初に絵と具体物のマッチングを学習するのではなく、コミュニケーションすることを迅速に学習する。

動作や音声や言葉の模倣、着席して指導者に注目すること、指示されたときに相手を見ることは、いずれももちろん最終的には子どもにとって重要です。しかしこれらは、子どもが自分の要求や希望を機能的な形で伝える学習に不可欠ではありません。機能的コミュニケーションに必要なのは、子どもが誰かに近づいて、メッセージを伝えることです。そしてPECSは、多くの自閉症の子ども（および大人）に対して、これを可能にします。

この章では、絵カード交換式コミュニケーションシステム（PECS）の最初のステップにおける基本的なトレーニングの流れを詳しく紹介します。これらの指導方法の多くは、自閉症の子どもに別のAACエイドや話し言葉を教える際にもきわめて効果的です。次の章では、もっと進んだ複雑な指導内容を取り上げます。

## PECSを始めるための前提条件は何か？

　PECSを始める前に検討すべき重要事項は、その子どもは好きな物を指し示すためにどのような行為（たとえば、手を伸ばす、近づく）をするか、ということです。もし、その子がお菓子やおもちゃや自分の宝物や小さなものに手を伸ばすことができるのであれば、実物の代わりに絵カードに手を伸ばすことを教えられるはずです。

　子どもに特別な微細運動スキルは必要ありません。もし、小さなものを拾い上げることが難しいとしても、絵カードを工夫することで操作が可能になります。たとえば、絵カードに木や発泡スチロールのブロックを接着したり、補強を施すことで、つかみやすくすることができます。絵カードの大きさを変えることによって、扱いやすくすることもできます。

　PECSを始める前に、絵の意味を知っている必要もありません。PECSの最初の目的は、自分から他の人とのやりとりを始めることを子どもに教えることなので、交換することを教える前に、絵の意味を教える必要はないのです。PECSトレーニングのフェイズⅢになるまでは、メッセージの選択には焦点を当てません。

　私たちは、標準化された発達検査の得点によって示される認知的な必要条件には、特に注意を払いません。つまり、子どもたちがPECSを効果的に学習するために、最低限達していなければならない発達年齢というのはないのです。その代わりに、何らかの方法で自分の好きな物を明確に指し示す（たとえば、おもちゃの方に手を伸ばす）行動が観察されているかどうかが重要です。そうした方法が、最終的には絵カードという物理的なシンボルを操作することに変わっていくのです。

　アイコンタクト、静かに着席する、簡単な指示に従う、絵と具体物または絵と絵をマッチングできる、などといったことも、PECSに必要な前提条件ではありません。

結局のところ、PECSから利益を得るのは、言葉を用いない子どもばかりとは限りません。PECSの最初のフェイズでは、自分からのコミュニケーションを教えることに重点が置かれます。そのため、PECSは話し言葉を持たない子どもによく用いられるだけでなく、話すことはできても自分からは話そうとしない子どもにも有効です。

## PECSを教えるフェイズとは何か？

私たちは、PECSの学習ステップを6つのフェイズに分けています。フェイズⅠでは、子どもたちに自分からコミュニケーションすることを教えます。フェイズⅡでは絵カードの使用を、他の人、場所、好きな物へと拡大します。フェイズⅢでは、複数の絵カードから特定のものを選択することを教えます。フェイズⅣでは、簡単な文を作ることを教えます。この時点で、自分の要求を限定するための限定詞の使い方を教えることによって、欲しい物をより具体的に示すことも教え始めます。フェイズⅤでは、「何が欲しいですか？」という直接的な質問に答えることを教え、フェイズⅥでは、さまざまな物や活動についてコメントすることを教えます。この章ではフェイズⅠからフェイズⅣまでを紹介し、第7章ではフェイズⅤとフェイズⅥを取り上げます。

## PECSを最初にどのように教えるか？

コミュニケーションを教える前に、その子どもにとってコミュニケーションをする理由がなければいけません。第1章では、コミュニケーションをする2つの大きな理由について述べました。つまり、1）具体的な物品、活動、行為を得るため、2）注目や賞賛などの社会的強化子を得るため、

の2つです。年少の自閉症の子どもについては、社会的強化子は動機づけの要因としてあまり効果的ではないことがわかっています。そのため、その子どもの好きな物についてのコミュニケーションを教えることが効果的です。

## 子どもの強化子を何にするかを決める

　本格的にPECSを教え始める前に、子どもの好きな物を知っておく必要があります。そのために、まず、強化子や報酬になりそうなものをたくさんリストアップします。

　こうした強化子アセスメントをするためには、まず、子どもがしていることを体系的に観察します。子どもと本格的にコミュニケーションする必要はありません。単に「何が好きなの？」と、子どもに聞くことも役立ちますが、他の方法でもその答えを得ることはできます。私たちは最初、両親や養育者にその子の好きな物について尋ねます。また、さまざまな状況を設定して、子どもの行動を観察します。たとえば、大人の手のひらにキャンディーを載せて（あるいはテーブルの上に置いて）、子どもがキャンディーを取るかどうかを観察します。また、いくつかのおもちゃをテーブルの上に置き、どのおもちゃで子どもが遊ぶか（遊び方は適切か、独特な遊び方かについても）を観察します。何をするのに多くの時間を費やす傾向があるかについても観察できます。たとえば、ブロックをいくつも重ね続ける子どもは、多分ブロックが好きなのだろうと推測できます。

　理想としては、子どもの好きな物を1セット分見つけるようにします。また、食べ物や飲み物ばかりにならないようにもします。PECS（およびその他のコミュニケーションシステム）で経験することが食べ物に関することだけになってしまうと、その子がコミュニケーションスキルを使用する状況が食べ物のある場面に限定され、他の状況での使用が制限されてしまいます。新しいスキルをさまざまな場面で使用することを学習させるた

めに、コミュニケーションのさまざまな機会を迅速に導入するよう、注意深く計画を立てなければなりません。

　次に、子どもの好きな物に優先順位をつけることが役に立ちます。2つの好きな物を選択肢として子どもに提示します。たとえば、片方の手にキャンディーを持ち、もう一方の手には簡単なおもちゃを持ち、子どもがどちらを取る傾向にあるかを、何度か提示して観察します。キャンディーとさまざまなものをペアにして提示することによって、その子はいつもキャンディーを選ぶということがはっきりするかもしれません。続いて同じような比較をすることで、その子に提示した他のものについても優先順位を決めることができます。こうした優先順位の決定は、子どもが明らかに好きではない物（払いのけてしまう物）がわかるまで続けるのがよいでしょう。嫌いな物も、落ち着いて拒否することを教えたいときや、2つの物の好き嫌いをはっきりさせたいとき（たとえば、「キャンディーは好きだけど、ピクルスは嫌い！」）には重要になるからです。

　こうした好き嫌いのアセスメントにおいては、提示されたものを得るために子どもがどれくらいの努力をしようとするかについても、アセスメントすることが重要です。もし強化子を得るためにあまり努力をしないようであれば、そうした強化子に対応した絵カードを手に入れるために努力をしようとはしないからです。物品の獲得に受身的でほとんど自分から努力をしようとしない場合には、PECSの使い方を教える前に、もっと明確に欲しい物を指し示すよう子どもに働きかけた方がよいでしょう。子どもが示す努力としては、視界にあるものを手に入れるために数メートル歩く、物品をつかんでいる人の指をこじ開ける、欲しい物を部分的におおっているものを払いのける、などがあります。

　強化子を見つけ出すためには、子どもが自己主張している状況をよく観察することも役に立ちます。たとえば、いつもは積極的にテレビに近づこうとしないのに、アニメのビデオを再生しているときにはよく見ているかもしれません。さらに重要なのは、あなたがテレビを消したときに、子ど

もがぐずり始めたり、失くしたものを探すようにあたりを見回したりするかもしれません。そのときが指導を始めるときです。なぜなら、そのとき、その子はテレビを見ることに強く動機づけられているからです。

## フェイズⅠ：コミュニケーションの自発

　PECSの最初のステップでは、自分から要求することを子どもに教えます。前提となるスキルとして模倣や見本合わせを必要とする指導方法では、子どもが模倣できるようになったり、「何が欲しいの？」「これは何？」などの質問に答えられるようになってから、自発的なコミュニケーションに取り組むのが一般的です。私たちは、できるだけ早くから自発的なコミュニケーションを教えることがとても重要だと考えているので、自分から要求することがPECSの最初の目標になります。

　先に述べたように、子どもにとって魅力的な物を見つけることができたら、すぐにPECSのトレーニングを始めることができます。欲しい物の絵カードを取って、実物と交換することを教えるのです（絵カードの作り方については、コラム３を参考にしてください）。まず最初に、PECSを教える準備として、子どもが物品を確実に欲しがるようにしなければなりません。その可能性を高めるために、一定期間子どもの好きな物品を与えないようにしてください。そうすれば、その物品を子どもに見せたとき、手に入れたいと強く動機づけられるでしょう。物品を手に入れようとする子どもの思いを強める他の方法については、表6-1を参考にしてください。

　PECSの最初のレッスンを始めるときには、子どもの注意は好きな物品の方に向いているでしょう。その物品の絵カードを手に取ることを、どのようにして教えればよいでしょうか？　最初にこのレッスンに取り組んだとき、私たちは自然なアプローチを試してみました。それは、子どもの好きな物品を持っている人自身が子どもを身体的にプロンプトして、子ども

と一緒に絵カードを取り、それを手渡してもらう、という方法でした。しかし、このアプローチにはいくつかの問題がありました。一つは、一方の手で物品を持ち、もう一方の手を使って子どもをプロンプトすると、子どもから絵カードを受け取る手がないということです。もっと重要なことは、好きな物品を持つ人がプロンプトする人でもあると、子どもは単にプロンプトを待つという傾向を示すようになったということです。この問題の解決法は、このトレーニング場面は2人で行うということです。

一人は子どもの正面で、表6-1に示した方法を使って子どもの動機づけを高めます。この人（私たちは**コミュニケーションパートナー**と呼びます）は、言語プロンプトを使わないようにします。つまり、「何が欲しいの？」とか「絵カードをちょうだい」といった簡単な質問や言語手がかりを口にしないようにします。このようなプロンプトをすると、子どもは行動を起こす前に質問されるのを待つことを学習してしまうかもしれません。それに、子どもがどれに手を伸ばすかを観察することによって何が欲しいかを理解できるので、そうした質問は無用です。子どもが好きな物品に手を伸ばすとき、もう一人は子どもの後ろで座るか立つかして、次の動作をプロンプトします。

1．絵カードを取る。（必要ならば身体プロンプトをする）
2．正面の人（コミュニケーションパートナー）に手を伸ばす。
3．その人の手のひらに絵カードを置く。絵カードをもらったコミュニケーションパートナーは、速やかに子どもに物品を渡しながら、その物品の名前を言う。（写真2を参照）

（このステップを遂行するための詳細な教示については、この章の最後の節「フェイズⅠとフェイズⅡのレッスンを効果的に行うために」を参照してください。）

身体プロンプトをするもう一人の指導者（プロンプター）の役割（このレッスンの中での）は、できるだけ早く身体プロンプトを減らすことです。プロンプトを減らすためには、行動連鎖の逆の順でプロンプトをなくして

表6-1　コミュニケーション促進方略

### 1．子どもの好きなものを、自分では取れないようにする
　子どもの好きな物を、子どもの手は届かないが見えるところに置きます。たとえば、高い棚の上、カウンターの上、堅くふたの閉まった透明の容器の中などです。簡単に与えてはいけません。

### 2．少しずつ与える
　食事やおやつのときは、一口サイズや少量を与えます。サンドイッチは切り分けて、少しずつ与えます。飲み物も、一口分か二口分ずつカップに注ぎます。おかわりをするために、「もっとジュースを飲む」と伝えたり、食べ物や飲み物の実物を示すことが必要だと、子どもが理解するように援助します。

### 3．子どもの前で、好きな物を少し食べたり飲んだりしてみせる
　子どもの見えるところで、子どもの好きな物を食べたり飲んだりしてみせる。食べた後は、とてもおいしかったという様子を見せる（「このジュース、おいしい！」）

### 4．援助要求を形成する
　遊ぶために手助けが必要なものに子どもを接近させる。おもちゃのねじを巻いたり、テレビやラジオやテープレコーダーのスイッチを入れたり、箱を開けたりするために、あなたの援助を求めるよう子どもを促す。

### 5．好きな共同活動を中断する
　あなたと子どもが一緒に参加できる好きな活動を始めます。2人とも楽しめるようになったら、その活動を中断し、続けたいと伝えるよう子どもを促します。たとえば、ブランコに乗っている子どもを押しながら、途中でいったん、空中で止めます。

### 6．子どもの好きではない物を与える
　好きではない物や活動を子どもに提示し、適切な方法で「イヤ」と伝えるよう促します。

### 7．選択肢を与える
　何も言わずに2つの好きな物を提示します。そして、子どもがどちらを欲しいかをあなたに知らせるのを待ちます。

### 8．子どもの期待を裏切る
　子どもと一緒にジグソーパズルを始めます。子どもが3つか4つのピースをはめた後、明らかにはまらないピースを与えます。

### 9．子どもを驚かす
　「突然に」何かをこぼしたり、落としたり、壊したりします。ハッと息を飲んで「失敗した状態」を見てから子どもを見、反応を待ちます。

「コミュニケーションへの誘惑」のより詳細なリストについては、次の論文を参照してください。Wetherby, A. M. & Prizant, B. M. (1989). The expression of communicative intent: Assessment guidelines. *Seminars in Speech and Language, 10*, 77-91.

これらの方略を使用するときは、提示した物に子どもが一度でも興味をもって反応したら（それらの物品の方に移動したり、見たり、手を伸ばしたり、あなたのところにそれを持ってきたりしたら）、間をあけて、少し待ってみてください。性急に子どもの反応を促してはいけません（「何が欲しいの？」とか「～と言って」と声をかけてはいけません）。そうすると、模倣や指示従事や質問応答になってしまうかもしれないからです。待つことによって、子どもがあなたと自発的にコミュニケーションを始める可能性を高めることができます。少なくとも5秒間は、期待を込めて見つめたり、肩をすくめたり、眉を上げたりして、待ってみましょう。それでも反応がなければ、少しだけ援助します。たとえば、コミュニケーションブックを指さしたり、単語の最初の音を言ったり、別の人に反応のモデルを示してもらいます。別の技法としては、「キャリアフレーズ」を言う方法もあります。たとえば、子どもに向かって「私は……が欲しい」と、ゆっくりと言います。「私は」と「が欲しい」の間に少し時間をあけ、子どもがその「空欄を埋める」のを期待して待つのです。

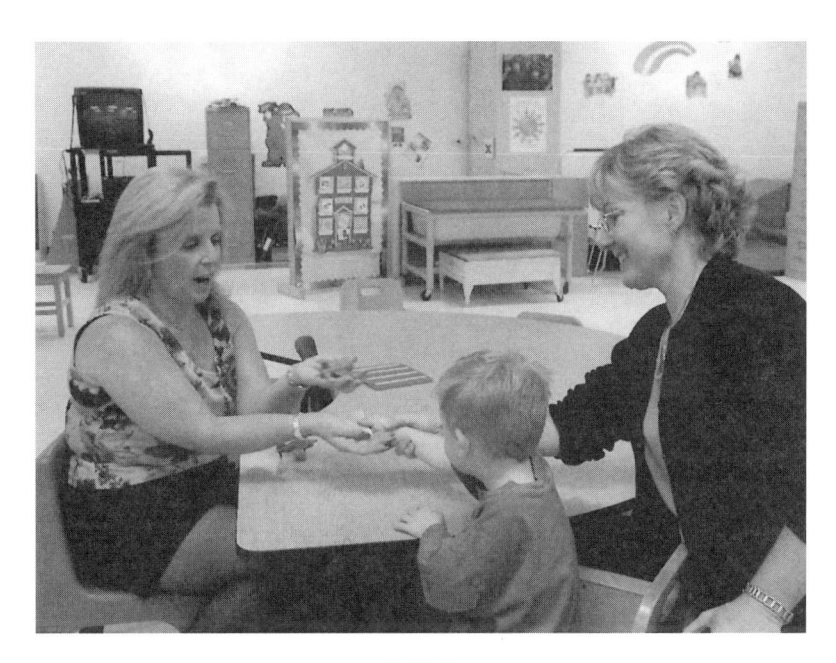

写真2

> **コラム3：PECSではどんなシンボルを使うか？**
>
> 　これまでの章でも述べてきましたが、拡大・代替コミュニケーションシステムではさまざまなシンボルを使うことができます。写真、線画、製品のロゴ、三次元あるいは実物のミニチュア（たとえば、台所用マグネット、合成樹脂で覆った実物など）などがよく使われています。これらのシンボルは、白黒の物もあれば、カラーの物もあります。子どもが扱いやすいものであれば、どれもPECSで使うことができます。
> 　子どもによっては、絵カードをラミネートなどで表面を覆って保護しておくとよいでしょう。繰り返し使えますし、マジックテープでのコミュニケーションブックへのシンボルの着脱も容易になります。絵カードを何らかの方法で補強しておいた方がよいこともあります。補強材としては、厚紙、段ボール、薄い木材、プラスチック、金属などがあります。子どもが絵カードを拾い上げたり持つのが難しい場合には加工しましょう。取っ手になるようなものを付けたり（シンボルに木ねじを付けるなど）、子どもが取りやすい角度にするためにシンボルを垂直に立つようにしたり、傾斜したボードの上に置いたりします。

いく方法がもっとも効果的です。すなわち、絵カードを取ることや絵カードに手を伸ばすことについては身体プロンプトをし、絵カードを放すことはプロンプトしないようにするのです。その次には、絵カードを取ることはプロンプトし、手のひらに手を差し出すことはプロンプトしないようにしていきます。こうした身体プロンプトは、子どもの手から、手首、肘などというように、触る部位を変えていくことでも減らせます。最後には、絵カードを取ることについてもプロンプトしないようにします。

　プロンプトをなくしていく早さは、多くの要因によって決まります。たとえば、提示された物品を得ることに子どもがどれくらいの動機づけを持っているか、身体プロンプトをする人がプロンプトを増減するスキルをどれくらい持っているか、によって違います。身体プロンプトは、専門家や家族だけでなく、効果的な指導方法ができる人であれば、別の子どもがし

てもよいのです。

　自閉症の子どもの中には、この最初のフェイズを数分で学習してしまう子どももいれば、数日かかる子どももいます。子どもの動機づけの程度に合わせて、指導するセッションの長さを変えるのがよいでしょう。興味を引くために用意した物品を子どもが欲しがらなくなるまで指導を続けてはいけません。それでは、欲しくないものを子どもに要求させることになってしまいます。そのため、何回子どもに反応させるかを、前もって決めておくのは困難です。私たちは、子どもが正しく反応していて、まだ物品を欲しがっているうちにセッションを終了するようにしています。というのは、一日の中で、他にも指導の機会を作ることができるからです。

　また、子どもが要求するたびに何でも与えるわけにはいかないときがやってきます。要求された物品がなくなってしまったり、要求された活動をするには不適切な時間であることがあるかもしれません。いずれにしても、子どもに「ダメ」と言うことも必要になるはずです。第7章では、こうした状況への対処法をいくつか紹介します。

## 強化子の魅力を維持する

　前に述べたように、コミュニケーションを促すために用いている強化子（好きな物や活動）に子どもが興味を失うと、指導の効果はなくなります。そのため、注意深く強化子を選択するだけでなく、強化子が子どもにとって魅力的であり続けるよう確認することが重要です。

　すぐに消費されてしまうものを強化子として使うこともあります。たとえば、お菓子や飲み物は、子どもが飲んだり食べたりするとなくなります。同様に、シャボン玉やシール、ゼンマイ仕掛けのおもちゃ、電子機器（特にリモコンで操作するもの）、コマなどは、すぐになくなったり動かなくなったりするものです。子どもはこうしたものを要求し、消費すると、同

じようなものをまた求める傾向がとても強いのです。一般に、このような すぐに消費されるものを使って指導を始めるのは、すべてが食べ物や飲み 物になってしまわないかぎりは、やりやすい方法と言えます。

　反対に、子どもがいつまでも持っていることのできる強化子もあります。 たとえば、好きなおもちゃや人形、本などです。こうしたものを一度、子 どもに与えてしまうと、次の要求をするように誘うことが難しくなります。 この場合、どのようにしたらよいでしょうか？

　方法は2つあります。一つは子どもにコレクションさせる方法です。子 どもによっては好きなものをたくさん集めることはとても魅力的です。た とえば、おはじきの好きな子どもであれば、要求して一つもらった後でも、 もっと欲しくて要求しようとするはずです。こうして、子どもはたくさん のおはじきを貯めていきます。もう一つの方法は、子どもに与えたものを 回収する方法です。この場合、与えたものを返してくれるよう頼んではい けません。それはまた別の新しいレッスンの内容です。それよりも、単に 「私の番よ」と（丁寧に）言って、返してもらった方がよいでしょう。も し子どもがちょっと怒った様子を見せたら、身体プロンプトをする人の準 備ができていれば、次の要求を促すのがよいでしょう。もちろん、子ども が怒ってかんしゃくを起こしたり、自傷行動や他傷行動をするようであれ ば、このレッスンは終了すべきです。このような子どもの場合、確実に要 求物と絵カードを交換できるようになるまでは、もっと「消費しやすい」 ものを使って、このトレーニングをする方がよいでしょう。

## フェイズⅡ：絵カード使用の拡大

　PECSトレーニングの次のステップでは、コミュニケーションのより現 実的な側面を導入します。たとえば、最初のセッションでは、指導者の一 人は子どもの正面にいて、子どもは手を伸ばしてコミュニケーションパー

トナーに絵カードを手渡すだけでした。明らかに、こうした状況は現実的な世界では普通あり得ないものです。そのため、コミュニケーションパートナーは子どもの持続性を促すため、徐々に子どもから離れていかなければなりません。同様に、最初のレッスンでは、子どもの正面に絵カードを置いていました。これも現実世界ではあり得ないことです。この点については、子どもから徐々に絵カードを離していく必要があります。絵カードはまだ子どもの視野の中にありますが、絵カードを持って指導者に手渡すために、努力をしなければならないはずです。

　指導のこの時点で、コミュニケーションブックを導入します。これはルーズリーフ式のバインダーで、表紙にマジックテープが貼ってあります。コミュニケーションに使う絵カード1枚をコミュニケーションブックの外側（表紙）に提示し（指導者が貼りつけます）、他の絵カードはバインダーの中に入れておきます（写真3参照）。家族や教師は、現在の活動や子どもの興味に応じた適切な絵カードがコミュニケーションブック（バインダー）の表紙にあることを確かめます。このバインダーには子どもが使用するすべての絵カードが収納されているだけでなく、それが自分の絵カードだということを子どもに認識させます。

　PECSトレーニングのフェイズⅡでは、動機づけを高める物品を増やしていきます。たとえば、トレーニングの最初の強化子としてキャンディー

写真3

を用いたなら、次には別の物品を導入しなければなりません。この場合、最初の物品とは異なるもの、たとえば食べ物ではないものを加えることが大切です。私たちは、子どもの好きなおもちゃを用いたり、音楽やテレビを楽しむ権利を強化子とします。私たちの目標は子どもに機能的コミュニケーションを教えることだということを忘れてはいけません。そしてそれは、おやつや食事のときだけでなく、子どもが何かを要求するあらゆる場面において使用できるシステムでなければなりません。

まとめると、PECS トレーニングのフェイズⅡの目標は、次のものを増やすことです（写真4参照）。

1．子どもとコミュニケーションパートナーの距離
2．子どもと絵カードの距離
3．子どもが要求する物品や活動の数

これらの目標を、コミュニケーションブックに一度に1枚の絵カードを貼る条件で達成します。

指導のこの時点では、どうして絵カードの選択肢を提示しないのでしょうか？ PECS トレーニングのフェイズⅠでは、子どもは欲しい物がある状況で大人に近づくことを教えられます。平均的な言語発達を思い出してみましょう。子どもは公式なメッセージ（すなわち言葉）を使えるようになる以前に、コミュニケーションをするために大人に近づくことを学習します。PECS の目的は、

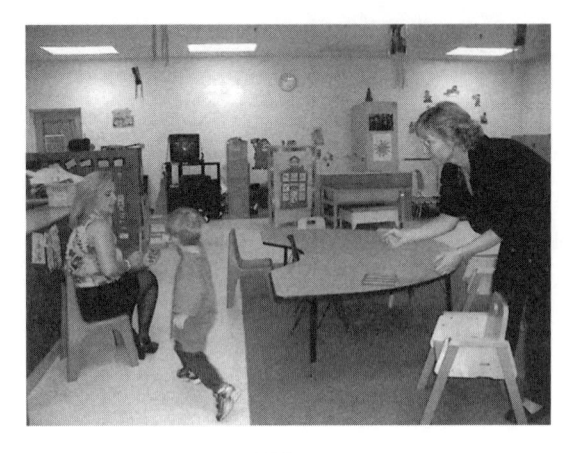

写真4

たとえその子がメッセージを選択することをまだ学習していなくても、同じように、自分から相手に近づいていけるようになることです。話し言葉の遅れがない子どもと同じように、PECS を学習する子どもたちは、コミュニケーションをするために誰かに近づいていくことを学習した後で、メッセージを明確にすることを学習していきます。

## フェイズⅢ：メッセージの選択

　子どもたちがコミュニケーションの本質（コミュニケーションの相手を見つけること）を学習すると、特定のメッセージを選択する方法を学習する準備ができたことになります。複数の絵カードを弁別する学習も、これに含まれます。

　絵カードの弁別を子どもに教える際、指導方法だけでなく、使用するシンボル（写真や線画など）の種類も個別に検討する必要があります。こうした問題は実践的には難しいことが多いのですが、メッセージの選択に関する問題について説明する前に、指導方法について説明したいと思います。

### メッセージの選択を教える方法

　メッセージを選択することを子どもに促す完璧な指導方法がもし一つあれば、生活はかなりシンプルになるでしょう。私たちの経験では、シンボルの弁別学習を促す方法はたくさんあることがわかっています。これから主な方法について説明しますが、もっと詳しく弁別学習の方法について知りたい人は、この章の最後に載っている引用・参考文献を参照してください。

　PECS トレーニングのフェイズⅠとフェイズⅡでは、子どもに一度に1枚の絵カードを提示しました。選択する絵カードが1枚しかなければ、子

どもが欲しい物品とシンボルが関連づけられているかどうか確かめることができません。弁別訓練を始めるときには、絵カードと物品の関係を子どもが理解していることを確かめるために、コミュニケーションブックの上に2枚目の絵カードを置きます。初めに、子どもがとても好きなものと1枚の絵を関連づけましょう。2枚目の絵（不正解の選択肢）にはいくつかの選び方があります。不正解の絵は、1）子どもの嫌いな物もしくは好きでも嫌いでもない物の絵、2）好みの物品の絵とは明らかに異なって見える絵、のどちらかにします。

## 不正解の選択肢として嫌いな物品や好きでも嫌いでもない物品の絵カードを用いる

この方法では、不正解の選択肢として、子どもが明らかに好きではない物（ピクルスやレモンなど）や、好きでも嫌いでもない物（ティッシュや紙切れなどのつまらない物）の絵カードを用意します。そのためには、子どもが好きでない物や嫌いな物を知っておかなければなりません。子どもの嫌いな物は、好きな物がそうであるのと同じく独特で、子どもによってそれぞれ異なります。この方法では、子どもの好きな物と嫌いな物の違いを明確にすることが大切です。

こうした絵カードの設定（1枚は好きな物で、もう1枚は好きではない物や嫌いな物）を用いる場合には、子どもが選んだ絵カードに対応した物品を与えます。たとえば、キャンディーと木のスプーンで選択させる場合、子どもがキャンディーの絵カードを手渡してきたら、キャンディーを与えます。もし子どもがスプーンの絵カードを選べば、スプーンを与えるということです。一般にこの方法は、子どもがスプーンをもらったときに多少でも怒るそぶりを見せたら成功と言えます。つまり、子どもがスプーンの絵カードを手渡してきて、与えられたスプーンを払いのけたなら、次に絵カードを選択するときには、スプーンではなくキャンディーをもらうために絵に注意を払う可能性が高いからです。しかし、もし子どもが黙ってス

プーンを受け取り、さらにそれで遊び始めたとしたら、この方法は絵カードを注意深く選択させる助けにはならないでしょう。この場合、子どもがもっと受け取りたくない別の物に代えます。

## 不正解の選択肢として明らかに異なる絵カードを用いる

不正解の選択肢の絵カードとして、もう1枚の絵カード（好きな物）とは全然違う絵カードを用意するのもよいでしょう。たとえば、2枚目の絵カードをまったくの白紙にすることもできます。つまり、子どもの好きな物品の絵カードと白紙のカードで選択させるのです。この方法は、2枚の絵の視覚的差異を最大限にわかりやすくしたものです。2枚の絵カードの違いを強調する方法は、他にもいくつかあります。

1. 物品の色（たとえば、1枚は白黒で、もう1枚はカラーにします）
2. 背景の色（たとえば、1枚の絵の背景は白で、もう1枚の絵の背景は黄色にします）
3. 大きさ（たとえば、1枚はとても大きくし、もう1枚はとても小さくします）

いずれの場合も、不正解の絵カードは子どもが好まない物品を示すものでなければなりません。

こうした方法を用いる場合には、できるだけ早い段階で、しかも徐々にプロンプトを減らして（フェイディング）いかなければなりません。たとえば、白紙のカードとペアにして提示されても間違いなくいつもの絵カードを選択できるようになれば、白紙のカードを徐々にもう1枚の絵カードと似たものにしていきます。子どもが選択しやすいように異なる色の背景を用いた場合には、徐々にその背景を同じものにしていきます。子どもの選択を助けるためにどんなプロンプトを導入したとしても、そのプロンプトは徐々に減らしていかなければなりません。子どもはプロンプトなしに自分の力で絵カードの内容を読み取り、選択することを学習しなければな

らないのです（注記：この段階のPECSトレーニングでは、子どもが身体プロンプトなしで自分からコミュニケーションを自発できるようになっていれば、指導者は一人でよいでしょう）。

## 弁別訓練に関する一般的問題

どの方法で弁別訓練を行うとしても、以下のような留意点があり、系統的に取り組む必要があります。
1. フィードバックはいつどのように行うか。
2. 誤反応はどのように修正するか。
3. 子どもが2つの好みの物品を弁別できているかをどのようにして確認するか。

### フィードバックの提示

PECSトレーニングのフェイズⅠでは、欲しがる物品を子どもに与える前に、子どもの方から絵カードを手渡してくるのを待ちました。そして、子どもは1枚の絵カードを手渡すことを学習します。しかし弁別訓練では、子どもに正しい絵カードを選ぶよう教えることが目的になります。そして、絵カードの選択に対して、聴覚的フィードバック（たとえば、

写真5

「すごーい！」と言って褒める）や視覚的フィードバック（たとえば、好きな物品を見せる）を提示することによって、こうしたスキルの獲得が速くなることがわかっています。こうしたフィードバックは、求めている物がもうすぐ手に入ることを子どもに知らせる信号の役割も果たします。子どもが絵カードを選択することに対して言葉でフィードバックをしますが、絵カードを手渡してきたときにしか物品は与えません。

### 誤反応への対応

もう一つの一般的な問題として、トレーニングのこの時点で子どもが示す誤反応にどのように対応するか、ということがあります。好きではない物品を与えられるのを拒否する子どもには、どう対応したらよいでしょうか？ レッスン中の誤反応にはどう対応したらよいでしょうか？ このような場合に重要なことは、（新しいスキルにつながらない）問題解決と、正しい反応を教えることを区別しておくことです。たとえば、子どもが誤反応をした後に正しい絵カードの方を指さしてあげると、たぶん子どもはその絵カードを取って手渡してくれるでしょう。このようにして問題は解決されたように見えます。しかし、この段階のレッスンで子どもに期待されているのは2枚の絵カードから1枚を選択できるようになることであって、指導者が指さした絵カードを取ることではありません。重要なのは、手続きをそのまま進めて誤反応を繰り返すままにするのではなく、一貫した方法で誤反応に対応することです。弁別を教える唯一の完璧な方法などないということを思い出してください。そのため、別の方法についても系統的に検討してみるようにする必要があります。誤反応を修正する方法についてさらに詳しく知りたい人は、Bondy and Sulzer-Azaroff（2001）やLovaas（1981）を参照してください。

### 2つの欲しい物品の絵カードを弁別する

子どもが2枚の絵カードから正しい選択ができるようになったら、少し

ずつ絵カードを増やしていきます。絵カードを増やすにしたがって、徐々に同じぐらい好きな物品の中からの選択をさせるようにしていきます。やがては2種類のクッキーや2種類のポテトチップスからも選択するようにします。このような場合、私たちは子どもが本当に欲しがっている物品をどのようにして知るのでしょうか？

　同じぐらい好きな2つの物品を提示するとき、子どもが要求している物と欲しがっている物が一致しているかどうかを判断しなければなりません。そこで、両方の（またはたくさんの）物品を手に入れられる状況で、子どもが絵カードを1枚手渡してきたら、「うん、取っていいよ」と言います。そして、要求した物を本当に取るかどうかを確かめるために、子どもの様子を観察します。バニラクッキーの絵カードを手渡した後に、もしチョコレートクッキーに手を伸ばしたら、それは誤反応です。そして、子どもが本当に欲しかったのはチョコレートクッキーの方だとみなし（手を伸ばして取ろうとしたのですから）、チョコレートクッキーを取るためにはチョコレートクッキーの絵カードを選択することを教えます。ここでまた誤反応が生じた場合は、誤反応修正法を用いなければなりません。

　子どもが2枚の絵カードを弁別できるようになったら、好きな物品の絵カードを3枚、4枚、5枚と順に増やして提示します。子どもが要求したものを自ら「取りに行かせる」ことで、正確性を定期的に「チェック」します。最終的には、子どもがコミュニケーションブックの表紙や中にあるすべての絵カードの弁別を学習するようにします。

### より象徴性の高い絵カードへの移行

　PECSトレーニングの初期には、絵カードよりも三次元のミニチュアを使って物品を示す方がわかりやすい子どももいます。この場合、語彙が増えるにしたがって、三次元のシンボルを厚みのない二次元のシンボルに置き換えるようにすることが重要です。次の例は、この点について詳しく説明したものですが、私たちが考えるべき柔軟性についても示唆を与えてく

れます。

　ジェレミーは8歳の男の子で、PECSの初期のフェイズを順調に学習しました。しかし、弁別学習に取りかかったときにさまざまな問題に直面しました。最終的には、エポキシ樹脂（製品名 Pour-On™）で覆った三次元のシンボルを用いることで、徐々に弁別ができるようになり、60種類のシンボルからの弁別も可能になりました。しかし、コミュニケーションブックはとても大きくて分厚いものになり、ジェレミーはそれを持ち運べなくなってしまいました。

　そこで私たちは、樹脂で覆った三次元のシンボルの右下に、その物品の小さな絵を載せることを始めました。最初、この絵はシンボルの表面の10%程度を占めるようにしました。こうした小さな変化であっても、導入したばかりのときは弁別の正確性が少し下がってしまいました。しかし、すぐに回復しました。その時点で私たちは、樹脂で覆われたシンボルのもう少し広い面積を絵が占めるようにしました。その変化は私たちにとっては小さなものでしたが、ジェレミーのパフォーマンスは再び低下し、そしてまた回復しました。その後数ヵ月間、樹脂で覆ったシンボルに重ねる絵を少しずつ大きくし続け、最終的にはすべてのシンボルを絵だけで弁別できるようになりました（写真6参照）。新しい語彙を加える際、多くの場合、最初は三次元のシンボルを導入しなければなりませんが、徐々にそれを絵に置き換えていくことができます（詳細については、Frost & Scho-

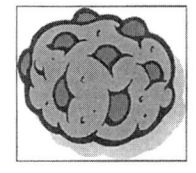

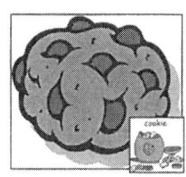

写真6

lefield〔1996〕を参照してください）。

## フェイズⅣ：文構成の導入

　ある日、1歳4ヵ月の娘が私のところに来て、庭を走っている犬を指さしながら、「ワンワン！」と言いました。同じ日、彼女はまたやって来て、「ワンワン？」と言ったのですが、それはお気に入りの犬のぬいぐるみを探しているような言い方でした。彼女は同じ言葉を用いていましたが、何かが欲しいときと何かについてコメントするときとは明らかに区別できていました。抑揚、アクセント、リズム、を含む口のきき方や声の性質は、私が彼女のメッセージをよく理解するための手がかりでした。

　平均的な言語発達をしていて、一語文の段階にある子どもは、相手にわ

写真7

かりやすく伝えるために、同じ単語でもその言い方を変えることができます。PECSにおいても、1枚の絵カードをコメントもしくは要求のどちらに使っているかを示す使い方を、子どもに教える方法はあるのでしょうか？　1枚の絵カードを手渡されただけで、私たちは子どもの伝える意味をどう解釈するのでしょうか？　その解決方法の一つは、「私が欲しいのは〜」もしくは「私が見たのは〜」という意味を表す簡単な文を教えることです。

　私たちは絵カードを使ってさまざまな目的のコミュニケーションを表出することを長期的な目標としていますが、その目標を達成するためには新しい構造を導入する必要があります。私たちは、新しい構造と新しいコミュニケーション機能を同時に教えるよりも、レッスンごとに新しいスキルを一つずつ加えていくやり方を採ります。そのため、最初に新しい言語構造（文）を指導し、その次に新しい機能（コメント）を指導します（コメントの指導については、次の章で紹介します）。

　子どもがすでに知っている機能である要求を用いて、新しい構造を導入します。まず、文ストリップ（写真8を参照）を作成します。これは絵カードを並べて文を構成するもので、コミュニケーションブックから簡単にはがせるようになっています。そして、「私が欲しいのは（I want）」を表すアイコンの絵カードを作成します（この段階では、「私」と「欲しい」のアイコンを別々のカードにはしません。まだ「私」という代名詞は絵カードの語彙に入っていないので、「私」が意味するものを教えることはで

写真8

きないのです)。

　このレッスンは、「私が欲しいのは」の絵カードをあらかじめ貼っておいた文ストリップに、子どもが欲しい物品の絵カードを並べて貼らせることから始めます。それから、その文ストリップ全体をはがして、欲しい物品と交換するよう促します。次に、「私が欲しいのは」の絵カードと欲しい物品の絵カードの両方を文ストリップに貼り付けてから、それを手渡すことを教えます。子どもから完成した文ストリップを手渡されたら、その文を子どもに読んで聞かせながら（たとえば、「私が欲しいのはクッキーです」)、子どもにはそれぞれの絵カードを指ささせます。それぞれの絵カードをどこに貼るか、文ストリップ全体をどうやって使うかを子どもが学習する一方で、私たちはその文をすばやく読み、要求された物品を渡すのが遅れないようにします。その文の学習がスムーズに進んだなら、「私が欲しいのは」と言った後に、少し間をおいてから物品の絵の名前を言うようにします。こうした間を作ることで、子どもは最初は模倣でその名前を言うようになり、徐々に私たちがその名前を言う前に自発的に言うよう促すことができます。私たちはこうした時間遅延法を用いて子どもの発語の機会を作り、発語を促すのですが、模倣に固執しているわけではありません。それは、話すことができる子どもに対しても同じです。つまり、私たちが期待しているのは話せるようになることではなく、PECSを使えるようになることなのです。PECSで絵カードや文ストリップを交換するときに無理に音声模倣をさせられた子どもの中には、苦手な音声模倣を避けるためにPECSの使用を回避し始める子もいるという事例が、いくつか報告されています。

# フェイズⅠとフェイズⅡのレッスンを効果的に行うために

## 必要な材料：

### ２つか３つの強力な強化子

すぐに「消費される」強化子（好きなもの）を使うのがよいでしょう。たとえば、お菓子や飲み物、シャボン玉、コマ、音楽、テレビ（あなたがリモコンで操作できるところで！）などです。おもちゃや本やその他の好きな物を使う場合、次々とコミュニケーション機会を作り出すために、強化子はたくさん用意しておくか、あるいは子どもから回収します。

### それぞれの強化子に対応した絵カード、写真、製品のロゴなどの視覚シンボル

絵カードは何度も使えるように丈夫なものでなければなりません。厚紙を当てたりラミネート加工をすれば長持ちするでしょう。絵カードは5cm×5cm程度の大きさがよいでしょう。最初は小さい絵カード（2.5cm×2.5cm以下）は使わない方がよいでしょう。

## 前提条件：

子どもは、いくつかの強力な強化子を自分で確実に探し出せる、ということが観察されていること。

## 必要な人：

### ２名の指導者

強化子を手に持って誘う人（適切な要求ができたら、その強化子を与え

る）が1人と、身体プロンプトをする人が1人。

## 物理的な環境設定：

　子どもを2人の指導者が挟む体勢で始めます。子どもとの距離は、指導者の手の届く範囲内とします。絵カードは、強化子を持つ指導者と子どもの間に置きます。

　子どもは必ずしもイスに座っている必要はありません。強力な強化子が見つけられる場所であれば、どこでもこのレッスンはできるということを覚えておいてください。床の上、砂場、テレビの前、そして何か楽しいことがある場所で、レッスンは可能です。身体プロンプトをする指導者は、子どもの後ろに控えている必要があります。

## レッスンの開始：

### 指導の流れ：ジョンとアレクシスはサマンサの教師

　サマンサはレーズンが好きです。ジョンはレーズンでサマンサを誘います。サマンサが絵カードを取り、手を伸ばして、絵カードをジョンの手のひらに載せるのをアレクシスは身体プロンプトします。サマンサが座っている目の前の机の上には、レーズンの絵カードを1枚置いておきます（注記：このレッスンを始めるとき、サマンサは必ずしも座っている必要はありません。強化子のある場所に行けばよいのです）。

1. レッスンの最初の段階では、ジョンはレーズンを手に持っていますが、何も言いません。サマンサはレーズンを見て、それに手を伸ばします。ジョンはサマンサにレーズンを食べさせます（「最初は無償で与える」方略を用います）。

2．サマンサがレーズンを食べ終わったら、ジョンはもう一つレーズンを手に持ちます。サマンサは再びそれに手を伸ばします。アレクシスはただちに彼女の伸ばした手を絵カードの方に導き、その絵カードを取ってジョンの手のひらに載せるようにプロンプトします（サマンサがレーズンに手を伸ばしたら、ジョンは手のひらを上向きに広げておきます）。
3．絵カードがジョンの手のひらに触れたら、ただちに「レーズン！」と言い、レーズンをサマンサに与えます。
4．レーズンに手を伸ばすことへの動機づけが高いことがはっきりしているかぎり、試行を繰り返します。試行を続ける中で、アレクシスは徐々に身体プロンプトを減らしていきます。最初は絵カードを手離すときのプロンプトを減らし、次は絵カードを相手の方に持っていくとき、最後には絵カードを取るときのプロンプトを減らします。試行の中で、アレクシスは何も言わず、サマンサの行動に強化子を与える役割もしません。
5．サマンサがプロンプトなしで絵カードを取れるようになったら、ジョンとアレクシスは役割を交代します。アレクシスがレーズンで誘い、サマンサはただちに絵カードをアレクシスに手渡します。
6．この時点で、サマンサはフェイズⅡのトレーニングに進む準備ができています。高い動機づけを持つ他の物品や活動、たとえば好きなおもちゃ、よく見ている好きな本、サマンサが選んだ飲み物（今日はオレンジジュースでも、明日は牛乳かもしれません）などをトレーニングに導入していきます。このようなレッスンは、教室のさまざまな場面だけでなく、家庭でもいろいろな部屋で行います。コミュニケーションの機会は、一日を通して、いつでもどこでも設定できます。

## 引用・参考文献

Bondy, A. & Frost, L. (1994). The Picture-Exchange Communication System. *Focus on Autistic Behavior, 9,* 1-19.

Bondy, A. & Frost, L. (2001). The Picture Exchange Communication System. *Behavior Modification, 25,* 725-744. (PECSとその使い方に関する研究を概観したもっとも新しい論文です)

Bondy, A. & Sulzer-Azaroff, B. (2001). *The Pyramid approach to education in autism, 2nd Edition.* Newark, DE: Pyramid Educational Products, Inc.

Frost, L. & Bondy, A. (1994). *The Picture Exchange Communication System training manual.* Cherry Hill, NJ: PECs, Inc.

Frost, L. & Bondy, A. (2002). *The Picture Exchange Communication System training manual: 2nd Edition.* Newark, DE: Pyramid Educational Products, Inc.

Frost, L. & Scholefield, D. (May, 1996). Improving picture symbol discrimination skills within PECS through the use of three-dimensional objects and fading: A case study. Paper presented at the Association for Behavior Analysis. San Francisco, CA.

Lovaas, O. I. (1981). *Teaching developmentally disabled children: The me book.* Austin, TX: PRO-ED.

# 第7章

# PECSの上級レッスン

　ケイトは文ストリップを使って、大好きなスキットルズというキャンディーを要求できるようになりました。彼女にひとつかみのスキットルズを与えるといつも、それをよく調べて、赤いスキットルズだけを選び出します。他の色のスキットルズを与えると、彼女はそれを払いのけてしまいます。それまでのレッスンでは色を用いたことはなかったにもかかわらず、ケイトは色で選べるということがわかったのでした。次に彼女が文ストリップでスキットルズを要求したときには、私たちは「どっち？」と言いました。コミュニケーションブックの上に「赤」を示すシンボルを置くと、彼女は「私が欲しいのは……赤い……スキットルズです」という文を作ることを速やかに学習しました。私たちは、ケイトにとって色が重要である別のものを、すぐに見つけることができました。彼女は、新たな属性を用いることで、自分の欲しい物を明確にできるようになりました。

## 文構成の拡大

　第6章の終わりの方で紹介した文ストリップの使用の拡大には、2種類の方法があります。一つは、色、形、大きさなどの属性の使い方を教え、要求の種類を拡大することです。もう一つは、新しいコミュニケーション機能（すなわち、要求だけでなく、コメントすることも学習する）を獲得することです。

## フェイズⅣ：属性を使った要求の拡大

子どもが文ストリップを使って直接要求できるようになったら、要求しているものを明確にすることを教えられます。ケイトの例では、最初、私たちはキャンディーの特定の色が彼女にとって重要であることに気づきました。そこで、自分の好みを伝える方法を彼女に教えたのです。私たちは、色が重要になるレッスンも計画しました。たとえば、彼女の好きなおもちゃを赤い箱の中に入れて、その箱の隣に青い箱を置きました。彼女がおもちゃを手に入れるためには、「私が欲しいのは……赤い……箱です」と要求する必要が生じたのです。私たちはさまざまな概念を教えるために、このような「宝探し」ゲームを活用しました。

クリスはチョコチップクッキーが大好きで、それを要求するために文ストリップを使えるようになっていました。私たちは、一方の手に大きなクッキーを持ち、もう一方の手には小さなクッキーを持った場合、クリスが必ず大きい方に手を伸ばすことに気づきました。こうした状況で、クリスは大きさに注目していたので

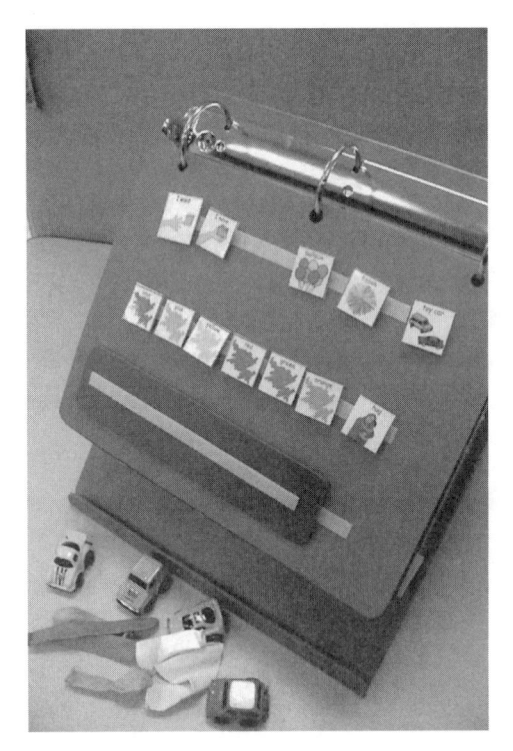

写真9

写真10

す。つまり、彼は大きなクッキーが欲しかったのす。そこで私たちは、「大きい」という意味のシンボルを作り（すなわち、シンボルの背景に斑点パターンを入れました）、クリスは自分の欲しい大きい方のクッキーを特定できるようになりました。

この例では、クリスは大きさで好きな物品を選択することができました。しかし、大きなクッキーを子どもに要求させるのは簡単そうですが、小さい方を要求することを教えるにはどうしたらよいでしょうか？ 一つの方法は、小さな方のみがその場にふさわしいという状況で、選択肢を示すことです。たとえば、子どもが小さなプラスチック容器からプリンを食べるためにスプーンを要求する場合、普通サイズのスプーンと台所のお玉を選択肢として提示することで、小さいスプーンを要求させることができます。

もちろん、その子どもがスプーンの相対的な大きさの違いで選択したことを確かめるために、後で、普通サイズのスプーンとバービー人形のスプーンを選択肢として提示する必要があるでしょう。このレッスンの別のアプローチとしては、好みの物品を大きさの異なる物の中に隠すという方法があります。たとえば、小さなプラスチックの卵の中にキャンディーを入れ、大きなプラスチックの卵の中にはティッシュを入れる、といった方法です。

　数、位置、配置、材質などの属性に関する語彙も、PECSの要求機能の中に導入できます（表7-1を参照）。こうしたレッスンは、理解を目的としたレッスンよりも、子どもの動機づけが高くなります。属性（「認知スキル」や「概念語彙」と呼ばれることもあります）を自閉症の子どもに教えるには、標的となる属性においてさまざまに異なる物品を子どもの前に置き、その属性によって選択するよう指示する方法が、伝統的に用いられてきました。たとえば、赤い丸と青い丸を子どもの前に置き、「赤さわって。青さわって」などといった指示を繰り返します。子どもが正しく反応したときは褒めて、さらに強化子も与えるとよいでしょう。PECSを要求に用いる場合、子どもにとって重要な物品が用意されているはずです。正しい要求をしたときの強化子としては、子どもが要求した物品を与えればよいのです。

## 属性に関するレッスンを効果的に行うために

### 必要な材料：

　教えるべき属性に関連した要素のみが異なる物品（注記：表7-1に示した例を参照してください）。

表7-1　属性

| 属性の種類 | 動機づけが高いと思われる物品 |
|---|---|
| 色 | キャンディー、クレヨン、ブロック、レゴ、服、ジュース、スキットルズ、ジェリービーンズ |
| 大きさ<br>a．大きい：小さい<br>b．長い：短い | a．クッキー1枚とクッキーのかけら、容器の大きさに合ったスプーン<br>b．プレッツェル、ひも、長いキャンディー |
| 位置 | イスの上のキャンディー：テーブルの上のキャンディー（一方は好き、一方は嫌いなキャンディー）。たとえば、「私は欲しい……キャンディー……イス」は「私はテーブルの上のキャンディーではなく、イスの上のキャンディーが欲しい」ということです（「〜の上」には重要な意味はありません）。 |
| 形 | クラッカー、クッキー、パズル |
| 相対的位置 | イスの上のおもちゃ：イスの下のおもちゃ（一方は好き、一方は嫌いなおもちゃ）。この場合、「〜の上」は欲しいおもちゃについて重要な情報です。 |
| 数量 | 10枚のクッキー：1枚のクッキー |
| 温度 | 冷たい飲み物：温かい飲み物 |
| 材質 | 滑らかな布：粗い布、プレーンプレッツェル：塩味プレッツェル、角の尖ったポテトチップス：丸いポテトチップス、ゴツゴツしたチーズ：滑らかなカッテージチーズ |
| 清潔さ | 清潔なタオル：汚いタオル |
| 身体部位 | ミスター・ポテトヘッド人形、バンドエイドや軟膏をつけた位置 |
| 動作語 | ボールを「打つ」「つく」「投げる」「捕る」 |

## 前提条件：

　PECSで特定の属性を教える前に、子どもが具体物（コミュニケーションに関するものでなくてもかまいません）についてその属性と関連した好みを持っているかどうかを確かめてください。たとえば、赤いキャンディーを選んで食べる子どもや青いクレヨンを選んで描く子ども、白い紙を選

んで描く子どもは、色という属性の要素に制御された行動を示しています。こうした場合、その特徴を持つ物品を要求することは、PECS を用いる子どもの動機づけを高めることになります。

属性についてコミュニケーションできなくても、あるいはそうした属性についてコミュニケーションしようとする私たちの意図を理解できなくても、子どもは属性について「知り」「反応する」ことができるのだと私たちが知っておくことは、とても重要です。たとえば、自分の生徒は「大きい」と「小さい」を学習できないと確信している数多くの教師に、私は会ったことがあります。こうした教師たちは、さまざまな大きさの丸や四角を使って「大きいのをさわって」とか「小さいのをさわって」というたくさんの練習を、何時間も無益にやってきたのです。しかし、同じ生徒に対して、もし一方の手にクッキー1枚を持ち、もう一方の手にクッキーの小さなかけらを持って示せば、生徒は確実に大きなクッキーの方を選び、でたらめに反応することはなかったのです（クッキーが好きであれば！）。視覚的スキル（または、触覚や聴覚など他の感覚と関連したスキル）と、その感覚的特性に関連したコミュニケーションスキルとを分けて考えることも、

写真11

ポイントです。

　子どもが色で選ぶという「自然な」傾向を見せていない場合には、コミュニケーションの理解を必要としない形で、属性の種類に関する視覚弁別の能力を調べてみた方がよいでしょう。たとえば、ケイティーはクッキーが好きだと仮定します。彼女が見ている前で、開いている白い箱の中にクッキーを入れれば、「クッキーはどこ？　クッキーを見つけてごらん。箱の中を見てごらん」などと言う必要はありません。あなたがクッキーを入れている様子を彼女に見せるだけでよいのです。彼女が確実にその箱の中に手を入れてクッキーを取り出したら、何回か繰り返す中で徐々に箱に蓋をするようにします。そして、箱の中にクッキーを入れて蓋をする様子を見せた後、彼女が確実にその箱を開けてクッキーを取り出すようになったら、次のステップに進みます。今度は、2つの箱を使います。一つは赤い蓋、もう一つは青い蓋の箱です。クッキーを箱の中に入れ、その箱には赤い蓋を、空の箱には青い蓋をする様子をケイティーに見せます。試行を繰り返す中でクッキーには、ときには赤い蓋を、ときには青い蓋をし、必ず蓋の位置を変えるようにしてください。ケイティーが確実にクッキーを見つけたら、彼女が色を「知っている」ことが明らかになったと言えます。次に、色についてのコミュニケーションを彼女に教えます（注記：色のような属性を教えるときには、その色で塗りつぶされた真円のシンボルを用いるのは避けた方がよいでしょう。そうした場合、子どもは、色に注目すべきか、その色の形に注目すべきかで混乱してしまう可能性があります）。

## 必要な人：

　一人の指導者だけで、このレッスンは効果的に指導できます。

## 物理的な環境設定：

### 教える属性のみが異なる物品のペアをいくつか用意する

たとえば、色に焦点を当てる場合には、色以外は同じ物品（キャンディー、おもちゃの車、クレヨンなど）のペアを用意します。このステップでは準備に時間がかかりますが、その分このレッスンを教える時間は短くなります。

## レッスンの開始：

### シナリオ：デビーはロブの母親

ロブはスキットルズ（明るい色でコーティングされた、フルーツ風味の小さなキャンディー）が好きです。母親のデビーがひとつかみのスキットルズを差し出すと、いつもロブは赤いものだけを選び出します。デビーはこの好みを利用してレッスンを計画しました（注記：このレッスンを始めるにあたって、ロブは「赤」［赤をさわって］という指示に従う学習をしていなくてもかまいませんし、色の見本合わせを習得している必要もありません。必要なのは、スキットルズが欲しいと文構成［PECSのフェイズⅣ］を使って伝えられることと、赤いスキットルズが好きだということだけです）。

1. ロブは「私が欲しいのは……スキットルズです」という文ストリップを持ってデビーに近づきます。デビーはロブにスキットルズを2個見せます。1個は赤、もう1個は青です。ロブは赤のスキットルズに手を伸ばします。
2. デビーはスキットルズを引っ込めて（肩をすくめるか、「どっち？」と言うかもしれません）、コミュニケーションブックの表紙に貼ってある「赤」のシンボルを取るように、ロブをプロンプトし

ます（この状況で何をすべきかをロブに教えるためには、質問よりも身体プロンプトの方が役に立つことに留意してください）。デビーは、ロブがそのシンボルを文ストリップの「私が欲しいのは」と「スキットルズです」の間に置くようにプロンプトします。

3．ロブが文ストリップを手渡してきたら、デビーはそれを受け取り、「私が欲しいのは、赤い、スキットルズです」と言いながら、その順に絵カードを指さすようロブをプロンプトします。デビーは赤いスキットルズを速やかにロブに与えます。もちろん、ロブには「赤」もその他どんな言葉も言わせようとはしません。

4．次の数分間、デビーはスキットルズを見せてロブを誘うことを続けます。文ストリップで「赤い」シンボルを用いるのを助ける身体プロンプトは、徐々に減らしていきます。

5．別のときに、デビーはロブが独特の方法でブロックを積み上げることに気づきました。彼は次にどのブロックが欲しいのかを正確に知っているようでした。ロブが赤いブロックに手を伸ばしたとき、デビーは赤いブロックをしっかりつかみました。このとき、文ストリップを使って、「私が欲しいのは……赤い……ブロックです」という文を作るよう、ロブを促します。

6．デビーはロブがはっきりと色の選択をすると思われる場面を見つけ、他の色のシンボルを徐々にコミュニケーションシステムに導入していきます。

7．最後に、デビーはロブとのやりとりを時々チェックします。ロブが赤いクレヨンを要求するとき、デビーは何本かのクレヨンを手に取って示し、「さあどうぞ、取っていいよ」と簡単に言います。もし、ロブが赤いクレヨンを取れば、デビーは色についてのコミュニケーションスキルに関して、次の段階の目標を設定することになります。

## フェイズⅤ：簡単な質問への応答

　PECSのトレーニングがこの時点まで進んだら、子どもは文構成や属性を使って自発的に要求ができるようになっているはずです。次の段階として、コメントするスキルを教えるために、周辺にあるものや出来事について簡単な質問を子どもにしてみましょう。

　PECSの指導では、新しいスキルは一度に一つずつ教えていきます。したがって、あなたはこの時点で子どもが用いているコミュニケーション機能、すなわち要求に関する簡単な質問から始める必要があります。一連のトレーニングの中では、この時点まで、子どもは「何が欲しいの？」という質問を聞いたことがありません。この質問に答えることを学習するのが、このステップです。

　文ストリップを使って自発的な要求ができる子どもに教えるのは、比較的簡単です。欲しがっている物品を示す前に、「何が欲しいの？」と聞くだけでよいからです。そして時間が経つにつれて、物品を見せずに、質問だけをします。このレッスンの開始時には、「何が欲しいの？」と聞きながら、「私が欲しいのは」のカードを指さすことも効果的です。この一連の場面の中では、できるだけ早い段階で、質問と「私が欲しいのは」の絵カードへの指さしとの間に遅延法を導入し、それを徐々に長くしていきます。そのうち子どもは、指導者が「私が欲しいのは」の絵カードを指さす前に、質問に答えるようになっていきます。このレッスンで質問と絵カードの指さしを組み合わせることは、次のレッスンでこの方法を使用する準備にもなります。

　ここで注意すべきことがあります。子どもが「何が欲しいの？」に答えられるようになると、教師や両親は以前重視していた子どもの自発性を忘れてしまうことがあります。そのため、自発性と質問に答えることの両方を維持するために、毎日自発的に要求する機会を少しでも作るよう計画し

なければなりません。少なくとも1日5回は、子どもに自発的に要求させる方がよいでしょう。

## フェイズⅥ：コメント

　子どもが「何が欲しいの？」という質問に答えられるようになったら、「何が見えるの？」「何が聞こえるの？」「何を持っているの？」などの質問にも答えられるようにします。このレッスンを効果的に指導するために忘れてはならないことが2点あります。一つは、コメントに対しては物品を与えるのではなく、社会的な結果を与えるということ。これを忘れてはいけません。「何が見えるの？」という質問に、子どもが「見えるのは……スプーンです」と答えたら、「そう、スプーンだね。スプーンが見えるよ」と返してあげましょう。スプーンを与えてはいけません。もし与えてしまうと、子どもはこの言い回しを、たとえば「スプーンが欲しいです」や「スプーンをください」など、何かを要求するための別の方法として学習してしまうでしょう。

　もう一つは、平均的な発達をしている子どもはどんな物や出来事についてコメントするかを、私たちはよく知っておかねばならないということです。年少の子どもは、周囲の変化のないものについてコメントはしないものです。最初から「床が見えます」「壁が見えます」とは言いません。そうではなくて、最初のコメントは、変化のあるものや普通とは違うものに関することです。たとえば、犬が部屋に入ってきたこと、牛乳がこぼれたこと、おもちゃが変なところにあることなどについて、年少の子どもはコメントします。そのため、効果的なコメントの指導を計画するためには、その環境において興味深く目を引く（または、耳をそばだてさせる）事物を利用しなければなりません。レッスンでは物品をよりアピールするような形で示すほど、子どもはその物品に注目しやすくなります。

このレッスンは、突然何かが変化すること、たとえば、箱からおもちゃを取り出すようなことから始めます。物品を取り出すとき、「わあ、何が見える？」「見て、これ何？」などと質問します。そして、質問をする一方で、コミュニケーションブックの表紙に貼った「見える」を意味するアイコンを指さします。これは前のレッスンで獲得したスキルですので、子どもは指さされた絵カードを取るでしょう（注記：最初のコメントの練習では、表紙の上に貼るのは「見える」のアイコンだけにするのがよいでしょう。後ほど、「欲しい」と「見える」の選択を学習させます）。子どもは次に、文ストリップに適切な絵カードを並べ、それを指導者に手渡すかもしれません。すでに述べたように、指導者はその文を読み上げ、感情を込めて子どもを褒めます。

　興味はあるが大好きというほどでもない物品を選ばせることも、大変役に立ちます。PECSを使って具体物を受け取ることに慣れてしまった子どもは、具体物がもらえないと驚く（ショックではないとしても！）かもしれません。その物品が好きなものであるほど、その驚きは大きくなるでしょう。

　このレッスンを学習するときには、子どもが自発的に要求する機会と、質問に応じて要求する機会とを、どちらも設定しておくことが大切です。

写真12

そのためには子どもは、「何が欲しいの？」「何が見えるの？」といった質問と、それらに対応したアイコンとを弁別する必要があります。

　このとき、子どもの自発的なコメントを促すために、指導方法を少し変える必要があります。周囲の変化や興味を引くものだけが子どものコメントのきっかけとなりますので、基本的に、子どもへの質問はなくしていかなければなりません。質問文を省略して、徐々に短くしていきます。たとえば、「見て！　何が……？」というように、徐々に省略していきます。最終的には、直接的な質問をする前に、「見て！」「あっ！」「すごい！」などの感嘆表現を用いるようになったら、それ以後は感嘆表現だけにして、質問はしないようにします。そのうちに、感嘆表現もしないようにするとよいでしょう。

## フェイズⅥの後にすること

　この本で紹介したPECSのフェイズをすべて学習した子どもは、欲しい物や必要な物を、自発的あるいは質問に応じて要求できるようになります。また、周囲の出来事について、自発的また質問に応じてコメントできます。さらに、さまざまな属性や形容詞を使いこなすこともできます。

　もちろん、獲得しなければならない言語発達の側面は他にもあります。その中には社会的な挨拶、「はい」と「いいえ」による応答、助けを求めることなどが含まれますし、先に述べた身振りスキルも含まれるかもしれません。簡単な身振りを教えることとPECSの使用を教えることは、並行してできます。強調すべきことの一つは、模倣だけに頼らず自発を促す方法を用いた指導です。たとえば、子どもは、欲求不満のある環境に対してかんしゃくを起こす前に、助けを求める必要があります。助けや休憩を自発的に求めさせるための指導方法としては、PECSトレーニングの最初の段階のように、2人がかりで指導する方法が必要かもしれません（第4

章の最後に示した例を参照してください)。

　PECS の指導方法やスキルの獲得の順序は、他のモダリティによる言語スキルの指導にも役に立つと考えられます。すなわち、PECS で述べた方法や決定事項（たとえば、早期から要求に焦点を当てる、2人で行うプロンプト、時間遅延法、シェイピング、フェイディング、誤反応修正法など）は、絵カードシステムによるコミュニケーションに限定されるものではありません。これらの方法、特に2人の指導者が自発を促す方法は、他のコミュニケーションシステムにも簡単に組み込むことができます。

## 学校や家庭での PECS の使用

　PECS やその他のコミュニケーションシステムの成功の鍵は、できるだけ何度もそれを使用することです。このシステムを効果的にするためには、「午前10時から10時15分までと、午後2時から2時15分まで」というように使用する時間を区切ったり、おやつの時間だけ使うようにする、というのもよくありません。このシステムは、あらゆる状況で役に立つ子ども用コミュニケーションシステムでなければなりません。このシステムを使ったり、コミュニケーションブックを手に取ったりすることを、大人の準備ができているときだけに制限してしまうことは、自発的で機能的なコミュニケーションを促すことにはなりません。

　話すことのできる子どもは、いつでもどんな状況でもコミュニケーションできるわけですから、PECS を使う子どもも、いつでもコミュニケーションブックを使用できるようにしておかなければいけません。家庭で用いる語彙と学校で用いる語彙は違うかもしれませんが、どちらでも PECS を使えるようにすべきでしょう。トレーニングのフェイズⅡでは、家庭でも PECS を用います（最初は学校で教えるかもしれませんが）。PECS を、両親だけでなく家族全員に対して使用するよう、子どもを励ますべきです。

## 学　校

　子どもが学校で PECS を用いるのは、どんなときでしょうか？　学校での支援チーム（教師、補助教師、言語聴覚士、両親も含め）はすべての活動を分析して、それぞれの活動に関連する教材に注目します。たとえば、美術では紙、はさみ、クレヨンが用いられ、クラブ活動では歌で使う指人形や天気を示す晴れや曇りの絵が用いられるかもしれません。すべての教材は、コミュニケーションのために使える可能性があります。

　子どもがある活動の一連の流れを学習した後、指導者はその活動に必要な物品を撤去し、子どもがその活動を中断せざるを得ない状況や遂行できない状況を作ることができます（Sulzer-Azaroff & Mayer, 1994）。たとえば、手を洗ってからタオルで拭くことを、子どもが学習したとします。ある日タオルがない状態にすると、それは、手洗いの行動連鎖を完了するためにタオルを要求することを促す状況を設定したことになります。トレーニングのフェイズⅡでは、PECS を使用する範囲を広げるため、学校での支援チームは、こうしたコミュニケーションの機会を 1 日を通してたくさん作り出すようにすべきです（この方法については、次の章で詳しく紹介します）。さらに、学校のスタッフが、以下に述べるようにして、友だちとのコミュニケーションで PECS を使用できるよう援助することも重要です。

## 家　庭

　家庭においても、私たちは同じような方法を提案しています。つまり、家庭場面で生じるさまざまな自然な日課、子どものこれからの人生の一部になっていく日課について考えてみてください。たとえば、テーブルの準備、食事の準備、掃除などです。子どもが日常的にテーブルの準備をすることを学習したら、その流れを妨害（子どもの年齢に応じて適切な調整を

します）することで、コミュニケーションの機会を作ることができます。たとえば、フォークをいつもの食器棚から移動させておくこともその一つです。いくつかの日課は家庭場面だけのもので、学校への導入は難しいかもしれません。家庭での日課としては、次のようなものがあります。

　　1．服の洗濯、折り畳み、収納（収納は、仕分けや分類の課題として考えることができます）。これらの活動の中で子どもは、たとえば見当たらないものを要求することを学習できます。

　　2．手洗い、シャワー、入浴、それに関連する物（石鹸、タオルなど）やおもちゃ（浴槽で使うもの）。子どもはたとえば、必要な物（石鹸など）や好きな物（ゴム製のアヒル）の要求を学習します。

　　3．雑貨（食品や家庭用品）を出したり分類する。こうした状況で、子どもはスケジュールに従うことや、必要な物を要求することを学習します。

　　4．家の掃除や整頓

　もちろん、年齢に応じた適切な目標を立てるように留意しなければなりません。3歳の子どもにとっては、掃除はおもちゃを片付けることで、服を畳むことは靴下を二つ折りすることかもしれませんし、テーブルの準備はそれぞれの人の場所に紙コップを置くことかもしれません。

　家族一人ひとりが自分だけの特別な日課をもっているとよいでしょう。こうした日課への参加を、ぜひ子どもに教え、求めるようにしてください。表7-2は、一般的な日課の中で使えそうな語彙を選ぶのに役立ちます（自由に、あなた独自のものを加えてください）。

　家の中で子どもの好みをよく観察することも、コミュニケーションを増やし発展させるために重要なことです。テレビやお気に入りのビデオを見て楽しむ子もいれば、歌が好きな子もいるでしょう。好きなおもちゃや家庭用品がある子もいれば、部屋や庭で遊ぶのが好きな子もいるでしょう。こうしたあらゆる活動を自発的に要求することを、子どもは学習できます。そして、文構成を学習するにしたがって、属性や形容詞を使って要求を明

表7-2　日課の中での語彙を見つける

| 日課 | 家の中の場所 | 語彙 |
|---|---|---|
| シリアルを作る | キッチン | シリアル、皿、スプーン、牛乳、砂糖 |
| 入浴 | 浴室 | 入浴剤、浴用タオル、スポンジ、おもちゃのボート、滑り止めマット、おもちゃのアヒル |
| 遊びに出かける | 家、その後で庭 | 靴、コート、帽子、ブランコ、ボール、滑り台 |
| 就寝 | 寝室 | 枕、好みの毛布、本または特定の本 |

確にすることも学習できます。

## 友だちやきょうだいに対するPECSの使用

　ジェーンという自閉症の子どもを観察する機会がありました。彼女はPECSのスキルを獲得しており、保育園では障害のない子どもたちと同じクラスに在籍していました。観察しているとき、ジェーンを含む子どもたちの小集団が、小さなプラスチックの人形で楽しく遊んでいました。最初は、ジェーンと他の子どもとの区別がつかなかったほどでした。それから、他の子どもたちはその部屋の別の場所にあるおもちゃに興味を持ち、ぞろぞろと移動しました。しかしジェーンだけは別でした。彼女は以前のまま遊び続けていました。一人の子どもが戻ってきて、みんなと一緒に遊ぼうと、彼女を誘いました。ジェーンはそれでも同じ人形で遊び続けていました。

　ジェーンを観察する中で明らかになったことは、彼女はおもちゃを使って適切に遊ぶスキルは持っていましたが、他の子どもとの社会的相互作用を自分から始めたり、それに応じたり、維持することはなかったということです。もし大人が彼女の欲しがる人形を持っていたら、彼女はただちに

コミュニケーションブックのところに行って、文を構成し、人形と交換したでしょう。彼女が仲間とのコミュニケーションや社会的相互作用を自発する様子は、まったく観察されませんでした。私は、このパターンを変えるにはどうしたらよいのかと、考え込んでしまいました。

　本書ではこれまで、大人を相手としたPECSの使用を自閉症の子どもに教えることに焦点を当ててきました。PECSを大人相手に用いることから始めたのは、子どもにとって重要な物品を管理しているのは、普通、大人だからです。一般的に、大人が、飲み物やお菓子、おもちゃ、テレビやビデオ、教室や家からの外出を管理しています。自閉症の子どもがPECS（あるいは、話し言葉やその他のコミュニケーション手段など）を用いて適切なコミュニケーションを獲得している様子を見るのは珍しくありませんが、それは多くの場合、相手は大人に限られています。友だちやきょうだいとコミュニケーションすることを、ジェーンのような子どもにどのようにして教えたらよいでしょうか？

　私たちは、自閉症の子どもと友だちとの接触を増やさなければならないということはわかっています。しかし、単に接触させるだけでは、友だちとのコミュニケーションや遊びに顕著な改善をもたらすのに十分ではないことも知っています。大人とのコミュニケーションの学習で見られる過程と並行して、友だちを巻き込んでのコミュニケーションへの発展も、しばしば観察されます。つまり、大人とのPECSの使用に慣れてきた子どもたちは、興味のあるものを持っている他の子どもに対しても、PECSを使用するようになっていくのです。

　ワシントン大学の教育学者たちは、自閉症の子どもが興味のあるものを追い求める傾向を利用した方法を開発しました（Schwartz, Garfinkle, & Bauer, 1998）。彼らは、おやつの時間に、大人が飲み物や食べ物の分配を管理する傾向があることに気がつきました。そこで、自閉症の子どもが統合保育を受けている保育園で、PECSの使い方を知っている友だちに、い

くらかのおやつを与えておくことにしました。最初は、教師に要求する自閉症の子どももいましたが、教師は無視しました。ほとんどの子どもはすぐに、今は友だちがお気に入りのおやつを持っているということに気がつきました。教師の援助が必要な子どももいましたが、多くは自発的に友だちに対してPECSを使用しました。ここで注意すべきことは、その友だちがおやつを進んで分け与えるようにしなければならないということです。それがうまくできたときは、教師がその子を十分に褒めました。それから間もなくして、自閉症の子どもたちは大人とも友だちともPECSを使ってコミュニケーションをするようになりました。

この研究者たちは、教師が特にPECSの使用を促していない他の場面でも、友だちとのコミュニケーションが生じたことを観察しています。おやつの時間に友だちとコミュニケーションすることを学習した子どもは、新しい場面でも友だちとコミュニケーションをしたのです。さらに、公式なコミュニケーションがない新しい場面でも、社会的な接近とやりとり（自発と応答の両方）が増加しているのが観察されました。

この研究や私たちの経験から言えることは、友だちやきょうだいとのコミュニケーションでのPECSの使用は、自閉症の子どもに比較的簡単に教えられるようだ、ということです。そのポイントは、次の3つです。

1. 欲しがっている物や必要な物を、友だちやきょうだいにあらかじめ渡しておきます。たとえば、美術の活動では、教師ではない誰かにクレヨンや紙などを配る責任を持ってもらうのです。
2. 友だちやきょうだいがPECSで使われる絵やシンボルの意味を理解しているかどうかを確かめます。年少の子どもの場合は、うまくPECSに対応できないかもしれませんが、私たちは2歳くらいの子どもでも十分にやりとりしているのを観察しています。
3. 友だちやきょうだいは、話し言葉に応じるのと同じように、PECSにも応じる必要があります。つまり彼らにも、要求されたものを与えるように促し、支援します。もちろん、年少の子どもの場

合は、あまり興味を持っていないものを「分ける」ようにさせるとよいでしょう。たとえば、マリーがポップコーンをあまり好きでなければ、ビルに分けてあげることができるでしょう。もし彼女の好物のクッキーを要求されたら、それは難しいかもしれません（注記：PECSなどのコミュニケーション手段を獲得している子どもとうまくコミュニケーションができるように、友だちの方を支援する方法の詳細は、次の章で説明します）。

　PECSを使う子どもたちは、障害のある他の子どもともうまくコミュニケーションできるでしょうか？　上記の3つのことに留意すれば、自閉症を含むさまざまな障害のある子どもの集団の中でも、PECSをうまく使用できることを私たちは見てきています。

## PECSと話し言葉の発達はどういう関係があるか？

　本書は、話し言葉を持たない人に関心を持つ読者を主な対象として書かれていますが、多くの読者は、そうした人たちが話せるようになることを望んでいるはずです。当然の疑問として、次のことがあります。PECSのような代替コミュニケーションシステムを使用することによって、話す能力の発達が妨害されたり遅れたりすることはないのでしょうか？　第5章で説明しましたが、このようなシステムの導入によって話す能力の発達が妨げられるという実証的な証拠はありません。私たちはPECSを学習した幼児に関する情報を集めましたが、これらの情報からはむしろ逆のことが強く示唆されました。つまり、6歳以下の自閉症の子どもが1年以上PECSを使用することと、話し言葉の獲得には強い相関がある、ということです。

　1994年に、私たちは全州的な公立学校プログラムで教育的サービスを受けている多数の自閉症の子どもについて、そのコミュニケーション・モダ

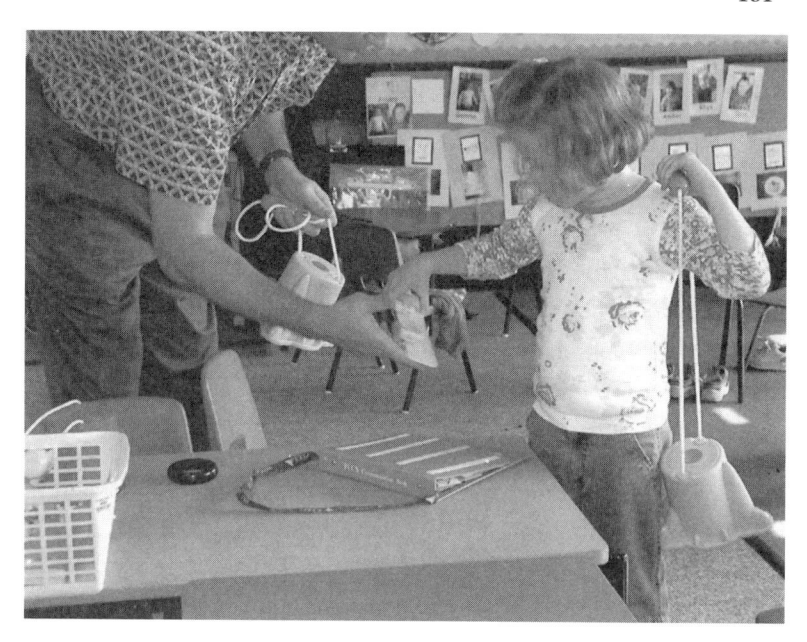

写真13

リティを調査しました（Bondy and Frost, 1994a）。そのプログラムは、1日中、年間を通して行われるサービスで、スタッフも多数擁していました。高度に構造化され、行動的な立場でのサービスが提供されており、適切な時期にPECSも使用されていました。PECSを6歳以前に使い始めてアセスメントの時点での使用期間が1年未満の子ども19名のコミュニケーションの発達を、私たちは追跡しました。この子どもたちの中で、2名だけが自立的な話し言葉を獲得しており、5名は主として話し言葉を使っていましたが、PECSも併用していました。その他の12名は、PECSだけで機能的コミュニケーションを行っていました。同時に、上記のグループと同じ年齢でPECSを使い始め、1年以上PECSを使用していた66名の子どものグループについても調査しました。このグループでは、41名が自立的な話し言葉を獲得しており、他の20名はPECSと併用する形で話し言

葉を使っていました。

　この調査結果は、いくつか注意すべき点があります。一つは、この結果は過去に遡って収集したものであることです。つまり、子どもたちにPECSのトレーニングを受けさせるかどうかを、私たちがランダムに指定したわけではないのです。したがって、PECSを学習することによって話し言葉を獲得したとは断言できません。さらに、私たちが記述した「自立的な話し言葉」とは、話し言葉がその子どもの唯一のコミュニケーション手段であるという意味で、必ずしも年齢相応の言語スキルを獲得しているという意味ではありません。ですから、PECSを使用しながら年齢相応の話し言葉を獲得した子どももいれば、言語の使用が十分とは言えない子どもも含まれています。それでも、私たちの回顧的な分析では、PECSの使用がこのグループの子どもたちの言語発達を妨害しなかっただけではなく、その発達に寄与したであろうことが示唆されています。

　PECSの導入後にしばしば出てくる質問で、これに関連したものがあります。数ヵ月あるいは何年間も発語なしでPECSを使用した後、話し始めた子どもに対して、どのように対応したらよいか、ということです。子どもの最初の発語を聞くと、両親も専門家もPECSブックを片付けて、話し言葉だけでコミュニケーションをさせようと固執しがちです。こうした状況においては、私たちの経験では、より注意深く徐々に進めていくのが一番よいようです。それは、次の2つの事例で示される理由からです。

　アーニーは3歳になったころにPECSを始めました。そのとき、彼はほとんど発声しませんでした。彼はすぐにPECSの初期スキルを獲得しました。文ストリップを使い始めたころ、彼の教師は時間遅延法を始めました（つまり、教師が文ストリップの「私が欲しいのは」を読んでから、それに続く絵カードを読む前に少し間をあけて、彼が欲しい物の名前を続けて言うのを期待するようにしました）。そして、アーニーは文にある単語のいくつかについては、それに近い音を出し始めました。それから数ヵ月間

で、彼の文構成はより複雑になり、彼の言語模倣の能力も改善されていきました。間もなく、文ストリップを交換する際の絵カードに対応した単語の発語が、安定してできるようになりました。さらに1、2ヵ月の間に、彼は文を構成してから、ときどきそのストリップを教師に渡さないうちに、その文を読み上げるようになりました。また、コミュニケーションブックを使わずにいくつかの単語や簡単なフレーズを話し始めたのです。PECSを導入してから約2年後に、彼はPECSシステムの使用をやめ、話し言葉ですべてのコミュニケーションを行うようになりました。

図7-1は、アーニーがPECSを始めてから、どのように絵カードと話し言葉を使うようになっていったかを示しています。彼はPECSトレーニ

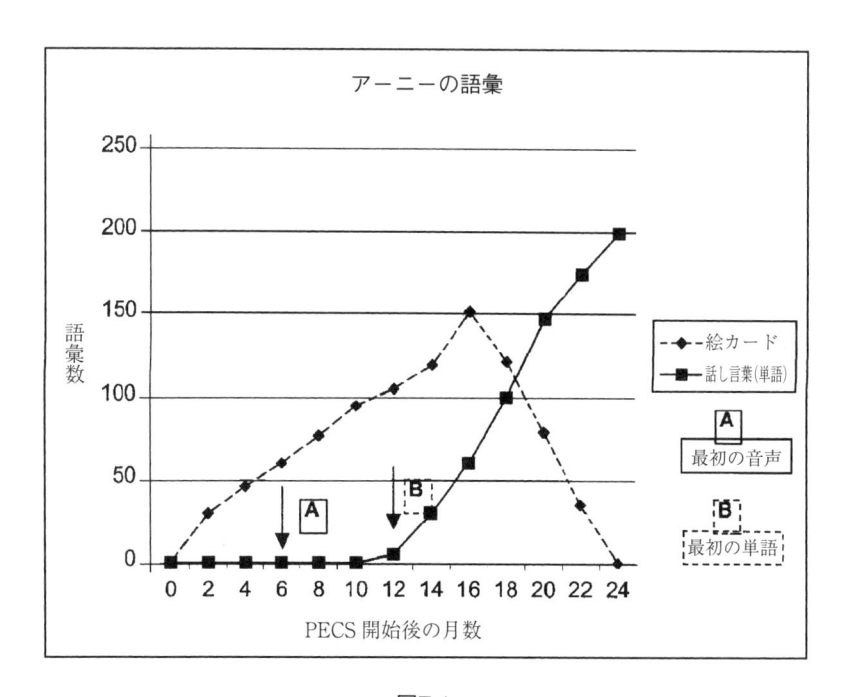

図7-1

ングの初日に、最初のPECSシンボルを獲得しました。そしてトレーニングのフェイズを進めながら、急速に新しい絵シンボルを獲得していきました。私たちが最初に彼の話し言葉に近い音声を聞いたのは、トレーニング開始から6ヵ月後でしたが、確実に単語を言えるようになったのは、開始から12ヵ月後でした。

アーニーが最初の単語を話した後、次々にしゃべり出していることに注目してください。同時に、絵カードの語彙も増えています（最初に単語を話した後の4ヵ月間で50％も増加）。この成長は、語彙だけでなく、構文やコミュニケーションスキルにも及んでいます。私たちはより高度なPECSのスキルを使用させることで、アーニーの発語スキルの発達を促進することができたのです。たとえば、PECSの終了が近くなったとき、アーニーは動詞に「～しています（-ing）」を加えること（たとえば、「彼は歩いています」）に困難を示していました。そこで、「～しています」を意味するアイコンをコミュニケーションブックに加えると、彼はこのアイコンを使って文を作ることを学習し、話す言葉においても動詞の適切な語尾を使えるようになったのです。もし、彼が最初に言葉を発した時点でコミュニケーションブックを撤去していたら、どうなっていたでしょうか？その時点では、彼は単語を話したり模倣したりしかできなかったのですが、視覚シンボルであれば複数の要素からなる文を構成できたのです。

子どもが言葉を話すようになったからといってPECSの撤去を急ぐとなぜよくないかを示す、もう一つの事例を紹介しましょう。PECSを使いながら話し言葉も使う子どもたちに対して、私たちはコミュニケーションブックを使える場面と使えない場面を設定し、比較をしてみました（Frost, Daly, & Bondy, 1997）。コミュニケーションブックが使えない場面では、いくぶん限られた話し言葉の使用であったのに対し、コミュニケーションブックが使える場面では、はるかに洗練された幅広い言葉を話していたのです。たとえばある子どもは、コミュニケーションブックがない場面では「クッキー」と言ったり、ときには「欲しい」と言ったりするだ

けでしたが、コミュニケーションブックがあると、文ストリップを完成させて、「緑のおもちゃを2つ欲しいです」とか「大きな黄色いキャンディーが欲しいです」と言えたのです。もし、コミュニケーションブックを取り上げたり、話し言葉だけの使用を強制したら、その子どもは視覚的コミュニケーションシステムを使用しているほどうまくコミュニケーションできなかったでしょう。

　もし誰かが、子どもの話し言葉を促すために、コミュニケーションブックを突然取り上げるとしたら、その結果として起こるスキルの損失（たとえ、将来元に戻すつもりだったとしても）は、倫理に反すると私たちは考えています。あるシステムから別のシステムへ移行するとき、どんなスキルも失われてはなりません。習得した絵カード（単語）の総数だけでなく、子どもが作る文の複雑さでも、子どものスキルを維持するべきだと、私たちは考えます。視覚的な補助コミュニケーションシステムをやめる前には、子どもの話す単語の少なくとも70％は誰でも理解できるかどうかを確認してほしいとも思います。

　最後に、PECSの使用は機能的コミュニケーションを教えるためであって、話し言葉を教えるためではないことを忘れないでください。もちろん、子どもが話し言葉を獲得するのはとても喜ばしいことで、そうした変化は大いに強化されるべきです！　PECSを使い続け、語彙が増え続けている（120枚以上の絵カード）子どもに対しては、電子的エイドを使うシステムへ移行することで、さらなる語彙の増加を助け、絵の選択も容易になるでしょう（第5章のAACについての説明を参照してください）。

## PECSのトラブル解決

　表7-3は、教師や親がPECSを実施するときによく起こる間違いをまとめたものです。この表では、それぞれのフェイズでよくある間違いと解決

策を示しています。

## 「いいえ!」の言い方と「いいえ!」と言う生活

　子どもが効果的な要求をするようになるとすぐに、私たち大人は難しい選択に直面します。私たちはいつでも、子どもが要求するものを与えるべきなのでしょうか？

　PECSやその他のコミュニケーションシステムの初期段階のトレーニングでは、自発的な要求がとても重要で、誰もがそうした要求に対して確実に強化子を与えようとします。したがって、もしある男の子がトレーニングの初日にプレッツェルを100回要求しても、私は彼の新しいスキルに興奮して、100個のプレッツェル（とても小さくして！）を与えるでしょう。しかし、数日後には、彼が要求するたびにそれを与えることに興奮しなくなります。ここで私が選択すべきことは、どれでしょうか？　私たちは今まで、この問題を避けてきました。なぜなら、私が今できる反応もすべて、たくさんのレッスンによって獲得したものだからです。以下に、いくつか

表7-3　PECSの各フェイズでよくある間違い

| フェイズ | よくある間違い | 解決法 |
| --- | --- | --- |
| Ⅰ. 自発 | 1. 強化子がない<br>2. 言語プロンプトをしてしまう（たとえば、「何が欲しいの？」「その絵カードをちょうだい」）<br>3. 子どもが手を伸ばす前に身体プロンプトをしてしまう | 1. 強力な強化子を見つけます。<br>2. 黙ってする練習をします。<br>3. 手を伸ばすまで待ちます。 |
| Ⅱ. 持続 | 1. 指導者が一人<br>2. おやつの時間でのみ使用 | 1. 2人目の指導者を頼みます。<br>2. 1日のあらゆる場面で楽しい場面を作ります。 |

| | | |
|---|---|---|
| III. 選択 | 1. このフェイズを始めるまでに時間をかけすぎている（たとえば、このフェイズを始める前に、50枚もの絵カードを獲得している）<br>2. 好きなものばかりで始めている（たとえば、すべておやつの時間に得られるもの）<br>3. 子どもが絵カードを手渡すまで強化子を与えない<br>4. 一種類のシンボルに固執している（たとえば、すべての絵カードが白黒） | 1. 6～12枚の絵カードが使えるようになったら始めます。<br>2. 好きな物一つと好きでない物一つで始めます。<br>3. シンボルの選択にフィードバックを与えます。<br>4. 柔軟性を持ち、他の方法やシンボルも試してみます。 |
| IV a. 文構成 | 1. このフェイズを始めるまでに時間をかけすぎている<br>2. 言語プロンプトをしてしまう<br>3. 話し言葉に固執する | 1. フェイズIVを始めるために、フェイズIIIを完全に習得する必要はありません。<br>2. まだです。身体プロンプトを使いましょう。<br>3. 今はまだです。 |
| IV b. 属性 | 1. 一つの物品に一つの属性しか使わない<br>2. このフェイズを始めるまでに見本合わせを習得させることに固執する | 1. 多くの修飾語を教える。色、形、大きさなど。<br>2. 属性が子どもにとって重要になったときに始めてください。 |
| V. 質問応答 | 1. 子どもが開始する機会を奪っている（たとえば、すべての要求機会で「何が欲しいの？」と尋ねてしまい、自発性を損なっている） | 1. 応答と自発の両方の機会を設定します。 |
| VI. コメント | 1. 教材に退屈している<br>2. ありきたりのことを繰り返している | 1. 教材は注目を引くものにすべきです。<br>2. 驚きや変化を使いましょう。 |
| PECSから話し言葉への移行 | 1. 言語模倣に固執する<br>2. 子どもから絵カード（PECS）を取り上げる<br>3. 話し言葉だけに強化子を与える | 1. うまくできた機能的コミュニケーションのすべてに強化子を与えます。<br>2. 急がずに、子どものペースに合わせます。<br>3. 話し言葉に対してはより大きな強化子を与える。 |

の選択肢を示します。

1．男の子がプレッツェルを全部食べてしまったら、空になった袋を見せます。しかし、「ないよ」とは言いません。すると、彼はあなたにではなく、空き袋に対して腹を立てるでしょう！　速やかに、代わりのものを彼に与えてください。彼は、それ以上プレッツェルを要求しても無駄だということを理解するでしょう。

2．プレッツェルを食べる（あるいは、彼の要求した物品や活動の）時間でなければ、プレッツェルの絵カードを、スケジュール表のおやつの時間の部分に貼ります。

3．「待って」を意味する絵カードを手渡します（第8章を参照）。そして待っている間、何か代わりになるもので気を引きます。待ち時間が終わったら、彼が別の物品を選択するかどうかを見ます。

4．代わりの強化子のメニューを絵カードで見せて、その中から選ばせます。基本的に、この方法は、大人がコンビニに行ってキャビアを要求したらどうなるか、ということによく似ています。ツナ缶は手に入りますが、キャビア缶は何度要求しても手に入らない、ということを丁重に告げられるのです。

5．代替メニューがなければ、プレッツェルの絵カードの上に「ダメ」サイン（×）を置くか、赤と緑に色分けしたボードの上にプレッツェルの絵カードを置くとよいかもしれません。緑の上の絵カードの物品は使用可能で、赤の上の絵カードの物品は使用不可能なことを示すのです。

6．子どもと交渉する価値があるかどうかを考えてみます。彼が何かとてもよいこと（新しいスキルの学習、部屋の掃除など）をしたのであれば、彼と取り引きをしましょう。この場合、次の章で紹介するトークンシステムを始めるために、彼の要求を利用します。

7．最後の方法として、単に「ないよ」と言い、彼がかんしゃくを起こしてもただ見ているだけにします。もちろん、子どもがケガをし

ないように（ケガをさせないように）注意してください。このとき、子どもに負けてはいけません。もし負けると、かんしゃくが優先順位の高い要求手段になってしまいます。子どもが泣いたりひっくり返ったりしている間、できれば他の子どもを使って、他の強化子も選べることを彼に示します。そして別の要求に誘導できるかどうかを見てみます。

もちろん、多くの人が選びたくなる選択肢は、単に子どものコミュニケーションブックからプレッツェルの絵カードを取ってしまうことかもしれませんが、それは絶対にしてはいけません！　絵カードは子どものものであり、子どものコミュニケーションシステムの一部なのです。教師や親の絵カードではありません。話すことができる子どもが絶えず要求や質問をしてうるさくせがむのは、普通ではないでしょうか？　そんな子どもの口をテープで塞ぎたいと思うことはあるかもしれませんが、そんなことはしません。そして同様に、子どものコミュニケーション能力を奪うようなこともしないはずです。私たちは子どもの要求のすべてを認めたり、すべてに応じたりはしませんが、それは社会の中で成長させるためには当然のことです。

## 援助を求めるところ

上記の提案が問題の回避や適切な修正に役立つよう願っています。もちろん、思いがけない問題に直面するかもしれませんし、その子どもへのPECSシステムの適用の仕方で疑問が生じることもあるかもしれません。そうした場合、あらかじめ対処する方法がいくつかあります。

一つは、あなたのチームに応用行動分析学に精通している人に入ってもらうことです。これまで紹介した方法はすべて、応用行動分析学の分野で開発されたものです。応用行動分析学は、学習や指導法を重点的に扱う学

写真14

問です。この分野の専門家が持っているスキルを確認し、見きわめるためのガイドラインについては、国際行動分析学会（Association for Behavior Analysis）に連絡を取ってみてください（訳注：公式ホームページは、http://www.abainternational.org/）。この学会の自閉症に特別の関心を持つグループ（Autism Special Interest Group）は、親などがこの分野に精通した専門家を探す助けとなるガイドライン（*Guidelines for Consumers of Applied Behavior Analysis Services to Individuals with Autism*）を作成しています。

　次に、有能な言語聴覚士（speech-language pathologist）もチームの重要なメンバーになるはずです。その人は、子どものコミュニケーション能力を、検査によってフォーマルに、観察によってインフォーマルに評価できます。また、AACの方法について情報を提供してくれますし、子どもの日課に言語学習を組み込む方法について、親や教職員に助言をしてくれます。この領域では、米国言語聴覚学会（American Speech-Language Hearing Association）が、資格や能力に関する適切なガイドラインを提供しています。

　PECSのフェイズや指導方法に関するさらに詳しい手引きとしては、私たちのマニュアル、*The Picture Exchange Communication System Training Manual, 2nd Edition*（Frost & Bondy, 2002）を参考にしてください。ビデオも作成されており、このシステムをより視覚的に理解できます（訳注：PECSの公式ホームページは、http://www.pecs.com/）。

**引用・参考文献**

Schwartz, I., Garfinkle, A., & Bauer, J. (1998). The Picture Exchange Communication System: Communicative outcomes for young children with disabilities. *Topics in Early Childhood Special Education, 18,* 144-159.

Frost, L., Daly, M., & Bondy, A. (April, 1997). Speech features with and without access to PECS for children with autism. Paper presented at COSAC. Long Beach, NJ.

Weiss, M. J. & Harris, S. L. (2001). *Reaching out, joining in: Teaching social skills to young children with autism*. Bethesda: Woodbine House.

# 第8章

# 理解を促すための視覚的方略の活用

　私はエンリコという10代の若者に関しての仕事をしていました。彼は話すことはできませんが、好きなものを要求するときにはPECSを適切に使用します。ときどき、エンリコはひどく興奮して、自分の頭を手で強く叩くことがあります。興奮している彼に誰かがあまり近づきすぎると、その人を叩こうとします。彼は頼まれたことをやりたくないだけなのか、それとも、言われたことを理解できないことがあるのかが、私たちにはわかりませんでした。そこで私たちは、教室にある物品について、簡単な言語指示をエンリコにしてみることにしました。彼は10個の物品のうち1個だけを手にし、ほとんどすべての指示に対して頭叩きをしました。その後、同じ物品について、絵カードを使って指示をしてみました。絵カードを使うと、彼はすべての物品を手にしただけでなく、頭を叩かなかったのです。この場合は、明らかに、指示従事の問題というより、指示理解の問題に関係していたと考えられます。

　これまでの章では、コミュニケーション能力の改善を支援するシステムに着目してきました。つまり、**表出言語スキル**の改善についてみてきました。この章では、私たちの伝えたい内容をよりよく理解してもらうこと、言い換えれば**受容言語スキル**の改善を促す視覚的システムの活用方法を紹介します。

## 指示の理解

　日用品を持ってくる、ある場所に行く、直接的な質問に答える、などといった簡単な指示を理解することは基本的なスキルです。第2章では、言われたことを理解するだけでなく、さまざまな視覚シンボルを理解することも重要だと指摘しました。エンリコの例のように、聴覚的手がかりよりも視覚的手がかりの方にうまく反応できる人がいることも忘れてはいけません（こうした状況についての詳細は、Peterson, Bondy, Vincent, & Finnegan〔1996〕の研究に記載されています）。
　私たちは誰でも、周囲にある次のような多くの視覚刺激に反応しています。

1．私的なもの……カレンダー、時計、ポストイット、手帳、買い物リスト、ポケベル
2．公的なもの……交通標識（文字、矢印、道標の形や色など）、トイレ表示、非常用標識、道路上に引かれた線、公共交通機関の広告、バスや電車の路線番号

　このリストからわかるように、社会の中でうまくやっていくために、私たちが理解しなければならない視覚シンボルはたくさんあります。話し言葉のない子どもや大人に対して視覚シンボルの理解を教えることも重要だと思います。伝統的に、この種のレッスンは「見本合わせ」と呼ばれる方法で指導されます。
　たくさんの教材や物品が見本合わせのレッスンで使用されますが、目標は一つです。それは、私たちがある物品を表すものを見せたら子どもがその物品を選ぶ、ということです。たとえば、ボールの絵カードを見せたら、その子どもは実物のボールを、コップの絵カードを見せたときには実物のコップを選ぶということです。そのとき私たちは、子どもがその絵カード

の意味を理解したと判断します。多くの教師は、この種のレッスンを、絵に対応する物品を指さささせることで簡単にすませています。私たちならば、さまざまな物品をテーブルの上に置いてから、子どもに一連の絵カードを連続的に見せていきます。その子が絵カードに対応する物品に確実に触るのであれば、この課題を習得したと言えるでしょう。

　生徒に絵カードを見せて、対応する物品を指ささせることに加えて、このレッスンの順序を逆にすることもできます。つまり、さまざまな物品を提示して、それに対応する絵カードを指さすよう教えるのです。行動分析学には**刺激等価性**（stimulus equivalence）と呼ばれる興味深い分野があり、このレッスンをある方向（物品から絵カード）で学習すると、別の方向（絵カードから物品）からのそのレッスンの理解も進むことが示されています。

　こうしたレッスンはコミュニケーションと言えるのか、という疑問もあるかもしれません。このレッスンは指導者主導で行われ（指導者が最初に物品を見せ、それに対応した絵カードを子どもが指さします）、子どもの反応は必ずしも指導者に対してではなく、絵カードに向けられています。したがって、このレッスンは総合的な教育パッケージの一部ではありますが、機能的コミュニケーションのレッスンを始めるために不可欠とはかぎりません。実際、絵カードと物品を一致させるレッスンをする前にPECSを導入している場合には、このようなレッスンは不要かもしれません。言い換えれば、PECSによるコミュニケーションを学習する中で、子どもは絵カードと物品の一致を習得するということです。

## 指示従事の指導

　本書全体を通して私たちが強調しているのは、子どもにとって機能的なやり方でコミュニケーションを教えること、すなわち、重要でしかも迅速

に子どもの日常生活の一部になる物品や活動を用いたレッスンを通して教えることです。子どもに言語理解を教えるときにも、引き続きこれを強調する必要があります。

　他者を理解できるようになれば、その人たちが持つ重要な情報を得られる、ということを思い出してください。このような「聴き取り」のレッスンを行うことで、私たちが伝えようとすることを理解するのは重要だと子どもにわかってもらえれば、このレッスンの効果はさらに高まるでしょう。たとえば、指示に従ってソファーやイスやドアのところに行くことを教えるのもよいでしょう。子どもが指示されたところに行ったら、十分に褒めます。十分に褒めないと、その子どもはそれ以降そうした指示にはあまり応じなくなるかもしれません。このレッスンをうまくやるためには、子どもにとって価値のあるもの（キャンディーやおもちゃなど）を特定の物品の上や近くに隠しておくとよいでしょう。たとえば、子どもがPECSを使ってキャンディーが欲しいことを伝えてきたら、キャンディーはソファーの上にあると（わかりやすく）伝えるのです。子どもはソファーに行くとキャンディーを見つけることができ、指示を理解したことへの強化子にもなります。

　関連するアプローチとしては、子どもが指示に従ってソファーやイスやドアのところに行ったときに、自然な結果として楽しい経験が待っているようにする方法があります。たとえば、ドアのところに行った自然な結果として外に出られる、ソファーに行って座った結果としてテレビが見られる、などです。この方法を適用するときには、指示に従うことと自然な結果を結びつけることが重要です。

　こうした指示従事の場面で使用する絵やシンボルの理解を教え始めるときには、子どもがその絵自体を理解しているかどうかを確かめることが重要です。つまり、言葉と視覚的手がかりを組み合わせて指示したとき、子どもは言葉だけに反応したのか、絵だけに反応したのか、それとも両方の組み合わせに反応したのかを確認できなくなってしまいます。社会の中で

は、聴覚的手がかりなしで視覚的手がかりだけに反応しなければならないこともあり、こうしたレッスンはどの子どもにとっても重要です。そういうわけで、話し言葉を伴わせずに視覚的手がかりで指示する指導を私たちは提案しています。

　この種のレッスンを始める際、私たちは最初、指示従事を教えるために使う物品が、子どもにとって身近なものかどうかを確認します。物品は、子どもが楽しめるもの（ボールなど）か、やり方を知っているもの（たとえば、食事前にテーブルに皿を並べる）がよいでしょう。たとえば、朝食の前に、皿の絵カードを子どもに見せて、食事を盛るための皿を持ってこさせます。朝、テーブルに皿があると間もなくシリアルが出てくるという経験があれば、この絵カードを選ぶのは適切でしょう。子どもに皿の絵カードを見せてから、皿をしまってあるところに静かに連れていきます。最初の数回は、間違いがないように一緒について行くとよいでしょう。やがて、同じようにレッスンを始めても、行動連鎖の最後の部分は、子ども一人でやらせます。徐々にプロンプトを減らすと、絵カードを見せるだけで、子どもは皿を持ってきてテーブルに置き、シリアルを待つようになります。

　また別の機会には、重要な他の教材にも同じ方法を使ってみましょう（たとえば、体育館に持っていくボール、お絵描きのためのクレヨン、朝の会に参加するための本など）。このような子どもにわかりやすいやり方で、教材の絵カードや視覚シンボルを徐々に増やしていきます。また、特定の場所（たとえば、作業机）や活動（たとえば、朝の会）に関する絵カードや視覚的手がかりへの反応も、子どもに教えたいと思います。言語指示の理解を教えるために、子どもが理解している絵カードや実際に使う物品と一緒に言語指示を与えるという方法もあります。

　最後に、私たちはこのレッスンの目的をよく考える必要があります。指示内容の理解に重きを置く**指示従事**（instruction following）を教えるのか、それとも、指示されたことの実行（指示内容がその場面に適しているかどうかに関係なく）に重きを置く**従順訓練**（compliance training）をす

るのでしょうか？　たとえば、メアリーに「ドアのところに行って」という指示を理解することを教えたいのであれば、彼女がドアのところに行ったら、「ドア」に関する出来事が生じるようにしなければなりません（たとえば、外に出る機会を与えます）。同じように、流し台、冷蔵庫、ボールなどについての指示は、いずれも適切な活動とつながりを持つようにします。一方、メアリーに従順を教えることを目的として私たちの言ったことをさせるのであれば、「ドアのところに行って」と指示した後、彼女がドアのところに行ったら、それを褒めてあげればよいのです（彼女を外に行かせなくてかまいません）。

　従順自体が重要なときもありますが、従順を焦点としてすべての指示従事レッスンを始める必要はありません。さらに、年少の自閉症の子どもの多くは、従順の指導で用いられる社会的な賞賛によい反応を示すわけではありません。実際、指示された通りにしないときの身体プロンプトを単に避けるために、指示に従うことを学習する子どももいます。

## 使用するシンボルの種類

　私たちは、話し言葉だけでなくさまざまな視覚シンボルを理解することも、すべての子どもに指導すべき重要なものだと主張してきました。それでは、どんなシンボルを選んだらよいでしょうか？　その子がPECSを使用しているのなら、使い慣れた同じタイプのシンボルを使うのがよいでしょう。しかし、混乱を避けるために、コミュニケーションブックで使っているものよりもひと回り大きいサイズの絵カードを使って、わかりやすくするのもよいかもしれません（たとえば、5cm×5cmではなく10cm×10cmのものを使用）。つまり、5cm×5cmの絵カードは子どもが要求のために使い、10cm×10cmの絵カードは親や教師が指示をするために使う、というように区別します。

　PECSを使っていない子どもの場合は、子どもが理解可能なシンボルで

あれば何を使ってもよいでしょう（写真、製品のロゴマーク、ミニチュア、実物、三次元のもの、類似したシンボルなど）。

## スケジュールに従う

　たいていの大人は、特に多忙な人は、大切な約束や用事を忘れないためにいろいろな種類のカレンダーシステムを使っています。非常に高度な言語スキルを持っていても、カレンダーを利用するのです。つまり私たちは、予定をすべて覚えておけるとしても、すべきことの記憶を助けるさまざまな視覚的手がかりを利用すると、より確実に行動できる、ということを学習してきたのです。

　私たちが自分自身の生活の中で重要だと思うことは、子どもにも教える価値があります。つまり、私たちにとって良いものなら、おそらく子どもにも良いものだということです。そういうわけで、私たちはカレンダーシステムを使って生活の中の予定を思い出しているのですから、同じようなシステムを子どもに教えるのはとてもよい考えだと、私たちは確信しています。自閉症の子どもの中には、学校や家庭での予定を理解すれば、かんしゃくやパニックをあまり起こさなくなる子もいます。

　スケジュールに従うことを子どもや大人に教えるのは、視覚的指示に従うことを教えるのと似ています。実際私たちは、個々の絵カードに応じることを学ばせてから、スケジュールに従うことを子どもに教える方法をとっています。スケジュールとは、絵やシンボルが連続したものです。ここで重要なのは、教師や親の指示に従わせるのではなく、連続したシンボルの使い方を子どもに教えることです。したがって、「スケジュールを確認しなさい」と言わないようにするのが、唯一のルールです。そう言いたくなったら、やるべきことも説明してしまうでしょう！　そうはせずに、周囲にある自然な手がかりに反応することを子どもに教えてください。たと

えば、以下のようなものが手がかりとなります。

1．課題の終了（教材を使い果たしたことや、すべての教材を使用したことによる）。
2．活動の終わりを知らせる音。環境的な刺激（ベル、チャイム、アラームなど）あるいは人による刺激（「音楽は終わり！」と言う先生の声）。
3．視覚的な合図（教室の明かりの点滅、教師が手を挙げる、など）。
4．教室に入る（たとえば、その日の始まり、昼食・体育・休憩の後など）。

　身体プロンプトをできるだけ速やかにフェイドアウトしていく手続きで、これらの手がかりへの反応を子どもに教えることができます。この方法は前述したものと同じで、言語プロンプトを避けて、身体プロンプトをなるべく背後から行い、自然でポジティブな結果事象が伴うようにします。私たちは絵やシンボルを、スケジュールとして縦に順番に並べます（年少の子どもの場合、左右の弁別が難しいこともあるからです）。また、ファイルノートで、1ページごとに活動の絵を1枚ずつ、スケジュールの順番に入れていく方法もあります（詳細については、MaClannahan & Krantz〔1999〕. *Activity Schedules for Children with Autism: Teaching Independent Behavior,* Bethesda, MD: Woodbine House を参照してください）。
　教室内でのスケジュールの例として、写真15を参考にしてください。

## 日課や期待した結果の変更の理解

　12歳のジェフは毎日、絵のスケジュールをとてもじょうずに使っています。彼は毎朝、教室に入ると、ただちに最初の活動を確認します。しかし、先生は大きな問題が一つあることに気づきました。もし、スケジュール通

写真15

りに正確に事が進まないと、ジェフは非常に混乱し、スケジュールを続けようとはしなくなるのです。先生は、ジェフがある程度の自立を実現していることはうれしいのですが、変化をまったく許容できないというのは困るのです。3歳児の生活であれば、すべてをコントロールするのも一つの方法ですが、10代ともなるとそうはいきません。生活の中で生じる変化を許容することを誰もジェフに教えてこなかったことに、先生は気がついたのでした。

この例は、一つのレッスンの学習（絵のスケジュールに従うこと）によって、ときには新たな行動マネジメントの問題（スケジュールの変更を許容できない）が作り出されてしまうことを示しています。したがって、同じような問題が起きるのをただ黙って見ているのではなく、すべての生徒

に対する包括的な指導の一部として、変化への許容を教えるのは重要です。このようなレッスンを行うためには、いくつかの方法があります。

　自閉症の子どもが直面する変化は、好きなこと（たとえば、外に遊びに行く、好きな先生との勉強など）から、それほど楽しくないこと（たとえば、雨天のため室内にいる、よく知らない代理の先生との勉強など）への変化であることが多いのです。

　変化への許容を教える簡単な方法の一つは、変化を系統的に導入していくことです。その変化は、最初は「うれしい」驚きとします。たとえば、私たちが作るスケジュールには、「びっくり」を意味するシンボルが入っています。それは大きな「？」マークであったり、文字を独特の色や形の背景に「びっくり」と書いたものであったりします。子どもがスケジュールのそのカードに初めて手を伸ばしたら、教師はその子が大好きな活動や楽しみが待っているというような「びっくり」活動を用意します。この「びっくり」はスケジュールのどこに置いてもよいのですが、最初は、勉強時間やあまり楽しくない活動と置き換えてあげるとよいでしょう。

　やがて、いくつかの「びっくり」はそれほど面白くない活動にしていき、最終的には、勉強に関連した活動へと変えていくのです。こうした活動に参加したら、十分な強化子を与えてください。「びっくり」カードはすぐに楽しいもの（たとえば、勉強の代わりにパーティー）を意味する、あるいは、スケジュールに従えば、「びっくり」活動の終わりにとても楽しいことが待っているということを、子どもに学習してもらいたいのです。「びっくり」のうちいくつかはとても楽しくてやる気の起こるものとし、子どもたちには次はどちらの「びっくり」がくるのか予測できないようにすることも重要です。

　こうした「びっくり」活動が日課の一部になれば、本当にびっくりするような変更が起きたとき、教師はただ単にスケジュールに「びっくり」のシンボルを貼って、それまでと同じようにレッスンを続ければよいのです。まとめると、私たちの包括的方略は、次のようなものになります。「私た

ちは誰でも、予測できない変更が生活の一部としてあることを知っています。ですから、親と教師がもっと効果的にそれを教えることができれば、生活をこのために変える必要はなくなるでしょう」

## 「待つ」ことの理解

　ラルフは19歳で、過去数年間は地域の中で落ち着いて働いていました。彼は仕事を楽しんでいるように見えましたが、実は毎日仕事の後にハンバーガーを食べに行くのが一番の楽しみでした。以前は、定期的に激しい攻撃行動を起こすことがありましたが、ここ１年は誰にも攻撃はしませんでした。先生はいつも、ラルフともう一人の生徒を連れて、公共交通機関を使って、仕事場とハンバーガーショップに行っていました。冬のある日、先生が２人の生徒を連れて歩いていると、もう一人の生徒がくしゃみをしました。先生はその様子を見て、教室に戻ってその生徒のコートを拭く必要があると判断しました。バスに乗るまでに、まだ時間がたっぷりあることも、先生は知っていました。

　先生は２人に、教室へ戻る必要があることを伝えました。先生は２人に、活動に戻るまで少しの間待ってもらう必要があることを伝えたつもりだったのです。しかし次の瞬間、ラルフが先生に頭突きをしたのです。先生はもう少しで肋骨を折るところでした。しかも歩道に倒れた先生に、ラルフはさらに攻撃を加えたのです。なぜ彼は突然攻撃したのでしょうか？　実は、先生は彼に「待って」と伝えたつもりだったのに対し、彼は「ダメ、君の大好物のハンバーガーを食べには行かないよ」と言われたと思ったのでした。

　ラルフに待つことを教える計画は、日課の変化を許容させることと同様に、解決に時間がかかります。このトレーニングには６ヵ月以上かかりましたが、最後には、期待していた楽しみを待つように先生が言っても、不

適切な行動は起こさなくなりました。

　待つことの学習は、多くの子どもにとって難しいレッスンの一つです。一つの見方として、待つことの学習は、子どものセルフコントロール、すなわち、後で得られる楽しみに対して適切に対処する能力に、関係が深いとみなすことができます。しかし、子どもは「待って」という言葉の意味を理解する必要があることから、待つことの学習はコミュニケーションの問題として捉えることもできます。たとえば、子どもが好きなお菓子を要求することをいったん学ぶと、結果として、あなたがお菓子を持っていないときにも要求してくるようになるでしょう。そのとき、あなたは「取ってくるから待っててね！」と言いたくなるはずです。こういう場合、「待って」と「ダメ」の違いを子どもに理解させることが重要です。子どもに「待って」と言うとき、それは「あなたの欲しい物はわかっているので、ちゃんとあげますよ。でも、あなたが思っているよりも少し時間がかかります」という約束をすることになります。コミュニケーションに大きな制限がある子どもに、この複雑なレッスンを教えるにはどうしたらよいのでしょうか？

　期待されている強化子を先延ばしにして待つことを教える際のキーポイントは、強化子の獲得や待ち時間の長さを指導者が完全にコントロールすることです。最初からファストフードレストランのような自然な場面でレッスンをするのは、待ち時間がコントロールできないので難しいでしょう。このような場所では、食事がくるまでどれくらい待つ必要があるのか、誰もわかりません。また、子どもが少しの時間待った後でも欲しいと思うものを正確に知っておくことも大切です。そのため、「待って」のレッスンは、子どもが自分の好きなものを安定して要求できるようになった後に始めるのが一番よいでしょう。さらに、「待って」を意味する視覚的手がかりを使うことで、子どもは私たちのメッセージを理解しやすくなるはずです。

たとえば、子どもがPECSを使ってクッキー（私たちが完全にコントロールしているもの）を要求したら、その絵カード（あるいは文ストリップ）を受け取って、ただちに「待って」の視覚シンボルを子どもに渡します（「待っててね」と言ってもよいでしょう）。「待って」をシンボルで表現するのは難しいので、私たちは、「待って」とくっきりと書かれた鮮明な色の大きなサインを作ります（写真16参照）。子どもが実際にその文字を読めるかどうかということや、その独特のシンボルと「待つこと」を結びつけて理解しているかどうかは、この時点では重要ではありません。子どもが「待って」カードを手に持っている間（確かに、子どもは何が起きているのか不思議に思っているでしょう！）、指導者は黙って5秒を数えて、「よく待ってたね」と言って、子どもが要求していたものを与え、「待って」カードを返してもらいます。次の数試行の中で、子どもの待ち時間を徐々に長くしていきます。試行のたびに待ち時間が変化していることに、子どもがほとんど気づかない程度に長くしていくのがよいでしょう。

写真16

　もちろん、どんなにわずかずつの増加でも、どこかの時点で子どもが不満を訴えるかもしれません！　その場合、不満を訴える行為（泣く、叫ぶ、奪い取るなど）によって欲しい物を手に入れる、という事態を避けることが重要です。欲しがっている物品は与えず、不満を訴える行動が終わるのを待ってください。次の試行では、いったん待ち時間を短くし、その後

徐々に長くしていきます。

　他の目標と同様に、子どもの年齢をよく考えて待ち時間の長さを決めることも大切です。たとえば、5歳未満の子どもに5分以上待つことを求めると、障害の有無に関係なくかんしゃくを起こすでしょう！

　このトレーニング方法のもう一つの重要な要素は、待っている間にあなたならどうしたいのかを振り返ってみて、それをトレーニングの中に組み込むことです。たとえば、長時間待たなければならないことがわかっている状況では（たとえば、午後3時に病院の予約を入れているが、その時間には診てもらえないだろうということがわかっていれば）、多分あなたは待ち時間にやるべきことを何か用意すると思います。つまり、あなたは何もしないで待つのは嫌だと思います。おそらく、本か何かを持っていくでしょう。もし何か読むものを忘れたとしても、「待合室」にはいつも雑誌が置いてあるものです。このように、待つことのレッスンを進める際には、欲しい物を待っている間に何かすることが子どもにもあるということを確かめるべきです。適用可能で、子どもに勧められるものとしては、簡単なおもちゃで遊ぶこと、絵本を見ること、音楽を聴くことなどがあります。

## 移動の理解

　ロビンは、学校に着いてバスから降りるとき、教職員が何も言っていないのに怒り出すことがよくあります。そんな日は、彼女は泣きながら教室に入ります。いったん教室に入ると、20分ぐらいで落ち着くのが普通です。それから先生が体育の時間だと伝えると、ロビンはもう一度泣き出し、体育館へ向かう途中ずっと泣いています。体育館に入ると、いつも20分ぐらいで落ち着いてきます。その後間もなく、先生は教室に戻る時間だと伝えます。再びロビンは泣き始めます。一つの活動から他の活動に移行するとき、ほとんどの場合ロビンは泣いて感情をあらわにします。

ロビンは何を言われているのかわからなかったのだろうと仮定して、先生はロビンに次の活動の絵カードを見せるようにしました。つまり、教室では体育館の絵カードをロビンに示し、体育館では彼女が戻るべき教室の絵カードを見せたのです。この方法は少しは役に立ちましたが、ロビンはいまだに移動するときに泣いていることが多いのです。

教師がロビンとのコミュニケーションに視覚的手がかりを導入した後も、移動する際の問題はどうして続いているのでしょうか？　正直に言って、このステップが自閉症の子どもの適切な移動を助ける方法のほとんどすべてです。つまり、私たちが述べてきたように、話し言葉を理解できない子どもの中には、視覚的手がかりを導入することで理解が助けられる子どもがいます。しかし、ロビンにはそれ以上の何かが必要なようです。

どのようにコミュニケーションするかだけでなく、何をコミュニケーションするのかについても私たちは注意を払わなければなりません。ロビンの場合、教師は、活動やその場所が変わることについてコミュニケーションすることを選びました。こうした情報は、私たち大人が毎日のスケジュールに書き込むような情報だからです。しかし、多くの子どもは活動よりも強化子に注意を向けていると、私たちは確信しています。この解釈が正しければ、私たちが子どもに活動の変更を伝える（次の活動について話すことによって）とき、子どもは即時的な強化子に注目し続けているはずです。たとえば、それぞれの移動の直前には、ロビンはかなり落ち着いていました。活動の変更が伝えられた瞬間は、彼女は楽しく活動に参加していることが多かったのです。ロビンがクレヨンで遊んでいるときに体育館に行く時間だと告げられたとすると、彼女はクレヨンをやめる時間だと言われたと理解するでしょう。同じように、体育館で落ち着いてきてやっとボールで遊び始めたときに、教室に戻る時間だと告げられるのです。ロビンにとって、このメッセージは「ボール遊びをやめる時間だ」ということなのです。

今ある強化子をあきらめなければならないとき、私たちは誰でも問題行動をするものです！　ですから、もしロビンが強化子に執着しているなら、私たちはロビンにとって重要なものについてコミュニケーションすることを考えるべきです。たとえば、彼女が教室にいるときは、あきらめなければならないクレヨンについてよりも、次に待っている強化子（体育館でのボール遊び）についてコミュニケーションする方が効果的だと思います。ですから、活動の変更を知らせる代わりに、教師はロビンに近づいて、絵カードや必要であれば具体物を使って、ボールで遊べることを伝えたらよいでしょう。こうした具体物を「トランジショナル物品（transitional objects）」と呼びます。ロビンがボールを取ろうとしたら、体育館でボール遊びをすると静かに伝えればよいのです。この方法は、ロビンがあきらめなければならないものを強調するのではなく、次に得られるものを強調するのです。

　ロビンが体育館でボール遊びをしているときには、教師は彼女に近づき、教室で得られる次の強化子についてコミュニケーションします。たとえば、クレヨン、おやつの時間、音楽などです。変更によって得られるものが何かが分かれば、ロビンは快くボールをあきらめるようになるでしょう。活動そのものに魅力がない場合は、その活動が終わった後に子どもにとってよいことが起こる設定をしておくことが重要です。たとえば、私たちは自分の仕事を一部は楽しんでやっているとしても、その他の部分はお金がもらえるからやっているのです。子どもの学習においても、これと同じ方法を用いることが大切です（詳細は、次の節で述べます）。

　移動する前に子どもに心の準備をさせるこの方法は、家庭でも同じように効果的です。私たちは、夕食後の息子との散歩が好きなある母親にかかわっていました。しかしその母親が散歩の途中で引き返したくなって「家に帰りましょう」と言うと、子どもはかんしゃくを起こすのです。散歩を長くしても、かんしゃくを先延ばしにするだけで、防ぐことはできませんでした。私たちは、母親のスケジュールにある活動ではなく子どもの強化

子について伝えることを話し合い、母親は自分の日課を変えることを決心しました。今では、散歩に出かける前に、母親は子どもにビデオを選ばせ（空の箱を取ってもらう）、それをもって散歩に行きます。帰りたくなったら、そのビデオの箱を取り出すだけでよいのです。子どもはビデオデッキが家にあることを知っているので、今では楽しそうに先頭に立って帰っていきます。

## 視覚的な強化システムの理解と使用：取引

　ミンディーがポップコーンを大好きなのはよく知られています。先生たちはしばしばポップコーンを使ってミンディーの課題への取り組みを動機づけ、課題を完了させていました。しかし、ミンディーはポップコーンを単に要求したりもらったりするときと、何かをしてポップコーンを獲得するときとの区別ができていないことに、先生たちは気づいていました。また、ポップコーンをもらう前にどれだけの課題をしなければならないかをミンディーに伝える方法もわかっていませんでした。私たちは先生たちに、給料をもらう前にどれくらいの仕事をしなければいけないのかや、給料がもらえるのはいつかなどを、どうやって知るのか、と尋ねました。彼らはまるでおかしな人を見るような目で私たちを見て、「それは契約書に書いてあります！」と言いました。私たちは彼らを見て、「そうですか」とだけ言いました。

　ミンディーの担任教師たちは、レッスンをきちんと終わらせたら大好きなポップコーンを食べてよいことを、ミンディーに理解してほしかったのです。このような取り決めをするにはたくさんのコミュニケーションが必要です。教師は子どもの好きなものを知り、子どもは教師が期待していることを知り、さらに子どもは大きな強化子のためにはどれくらいの課題が

必要かを知っていなければいけません。私たちが教師に知ってほしかったのは、自分たちが雇用主と「取引」をしたときには、その取引の視覚的な表現、つまり契約書を求めたということです。前にも述べたように、私たちの指導原則の一つは、「私たちにとって良いものは、子どもたちにとっても良いもの」ということです。ミンディーがよりよい生徒になるのを助ける効果的な方法として、「取引」を導入できるでしょうか？

　教師－生徒関係と雇用主－被雇用者関係を比較してみましょう。まずは、私たちの文化においては、生徒はそうしなければならないという理由で学校に通っています。彼らの通学を義務づける法律もあります。学校に来たとき、彼らには何が期待されているでしょうか？　教師が生徒に求めるもっとも基本的なことは、生徒が学習することです。

　それでは、学習とは何を意味しているでしょうか？　きわめて簡単に言えば、学習とは行動を変えることです。教師として知りたいのは、生徒がレッスンを学習したら、その生徒はレッスン前とは違うことをレッスン後にするかどうかということです。生徒は、新しいこと（新しい単語、文章、考え）を言ったり、前とは違うことをする（複数選択肢のテストで問題に答える、靴紐を結ぶ、箱を開けるなど）ことで、学習したことを示せます。つまり、子どもは学校に来て、学習したことを見せてくれるのを期待している大人に会うのです。それでは、学習すべき内容は誰が選ぶのでしょうか？　それは教師です。教師が両親から情報を得て、カリキュラムを作っています。力のある人がそうではない人にやるべきことを教える関係としては、他にどのようなものがあるでしょうか？　一つは親と子の関係ですが、その他にも雇用主と被雇用者の関係があります。これは、雇用主が被雇用者に何かをすること、つまり仕事をすることを求める関係です。

　私たちはどのようにすれば効果的な取引ができるのでしょうか？　雇用主は、やるべきこと（仕事）を私たちに求めてきます。私たちは労働の対価として何が得られるかがわかっていれば、その仕事をすることに同意します。雇用主との「取引」においては、いくつか重要なことがあります。

一つは、もし雇用主から「この仕事を1年間してほしいのです。その仕事が終わったときに、いくら支払うか教えます」と言われたら、たぶん、私たちはその仕事を引き受けない、ということです。私たちは仕事を始める前に給料がわかっている場合だけ、その仕事を引き受けるでしょう。また、雇用主ではなく、私たちが仕事に対する報酬の種類を選ぶ（金額は選べません。十分にもらえることはあり得ません！）ことにも注意してください。さらに私たちは、給料がいつ支払われるのか（週給なのか月給なのか）も知りたいと思います。他にも、雇用主との契約の中で重要なものがあります。それは、福利厚生などの規定です。もっとも重要なものの一つは休暇、つまり休みたい日を雇用主に言う権利です。一般的な契約では、私たちは休暇の予定を雇用主に言うことができます。最後は、前にも述べたように、雇用主との取引のすべての内容を書面にすることです（本質的には、取引の内容を視覚的な形で表現することです）。

　コミュニケーションスキルに制限のある生徒たちに同じ情報を伝えるシステムを、どのようにして作ることができるでしょうか？　まず、私たちが自分自身の報酬を選ぶように、子どもの報酬は子どもに選ばせる、ということを覚えておいてください。報酬になりそうなものを提示し、子どもが手を伸ばすかどうかを観察することで、子どもに報酬を選択してもらうのです。応答スキルのある子どもなら、何がいいかを聞くこともできます。

　その後で、どのように「取引」を使うかを子どもに教えます。子どもが報酬を要求したら、きわめて簡単な何か（その子ができるとわかっていること）をするよう、身振りも交えて子どもに伝えます。たとえば、子どもが要求としてクッキーの絵カードを手渡してきたら、床の上にあるおもちゃを指さしや身振りで示し、それをあなたに手渡すようプロンプトします。おもちゃを手渡すことができたら、ただちにクッキーをあげて、「よくできたね」と褒めてあげます。

　PECSを使っての要求がうまくできるようになってきたら、要求されたものを与える前に、ちょっとした課題をしてもらうようにします。このや

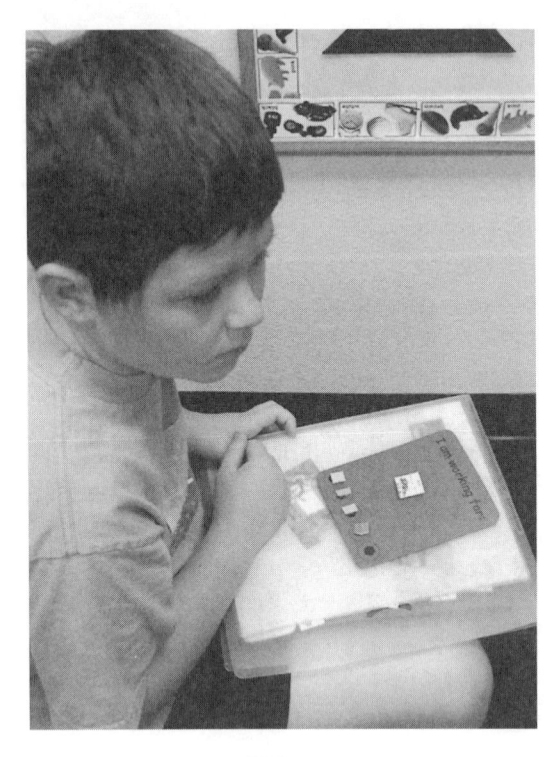

写真17

りとりが取引になります。もちろん、子どもの要求すべてに対して「取引」を行う必要はないでしょう。ときどきはたんに愛情から、子どもの好きなものを与えることも大切（思いやり）です。誰でも、すべてのものを働いて手に入れなければならないわけではないのですから！　取引を始めてさらに多くの課題をさせるようになると、何のためにやっているのかわからないと子どもが思う瞬間がきます！　そのときには、「～のためにがんばっています」（あるいは、それに類したフレーズ）と書かれた別のカードの上に、絵のアイコンを置いてあげましょう。

　そのカードには、丸（普通はその中にマジックテープを貼っておきます）が一つ描かれています。そして、子どもがあなたの指示した課題をやり終えたときには、ただちにトークンを与えて、丸の上にそのトークンを置くのを子どもによく見せます。このトークンは、私たちが仕事をしたときにもらうお金と基本的には同じです。カードには一つしか丸がないので、一つトークンをもらえば丸が埋まり、それで仕事は終了です。次に、子どもにトークンの「使い方」を教えます。つまり、子どもがトークンをあな

たに手渡したら、子どもが元々要求していたものをただちに与えるのです。

　すべての雇用主が基本的に「より多くの労働とより安い給料」を求めているのと同じように、教師や親は、より少ないフィードバックで、生徒がより多くの課題をすることを、つまり、より自立的になることを求めています。したがって、子どもが1つのトークンの価値を理解したように見えたら、2つ目の丸をカードに描きます。今度は2つの丸がトークンで埋まらないと、トークンを交換することができません。そして、「より多くの課題を求める」という伝統に従って、カードに描く丸は段階的に3つ、4つ、最後には5つと増やしていきます（写真17参照）。取引の間は、子どもが獲得できるものについての情報（つまり、要求のために子どもが使った絵カード）、その課題がどれくらい続くかについての情報（つまり、5つの丸を埋めるだけの課題）、そして次の給料日まであとどれくらいか（丸を埋めているトークンの数によります）を常時カードに示しておきましょう。このシステムは、丸一つから始めることが肝心です。5つの丸から始めたいかもしれませんが、やめた方がよいでしょう。

　また、カードに「休憩」のシンボルを置いて、いつでも「休暇」が取れると子どもに知らせることも、やってみるとよいでしょう。もちろん、あなた自身の休暇と同じように、そこにはルールがあり、休憩時間の長さや、所定の時間内に休憩を求められる回数、そして休憩中にやってよいことについて、決めておく必要があります。どこか好きな場所に出かけるような大人の休暇とは違い、作業（あるいは勉強）中の休憩は、骨の折れる状況から少しの間離れられるだけです。そのことを踏まえ、私たちは休憩場所を作ることを勧めています（もちろん、タイムアウトの場所とは違います）。そこでは、退屈なことやちょっと面白い程度のことをしてもらうのがよいでしょう。というのは、私たちが望んでいるのは、休憩場所に座っているよりも課題を終わらせる方が得るものが大きいことを、子どもにわかってもらうことなのですから！

　子どもがこれに慣れてくるにつれて、取引の範囲を広げ、私たちの仕事

の状況と同じようなものにしていきます。私たちは普通2時間ほど働いたら、少し時間を取ってお菓子を食べたり、ガムを噛んだり、何かを飲んだりします。生徒もやがて労働者の一員になるのであれば、彼らも欲しい物が得られるまで2時間は働けるようになる必要があります。ここで説明したような視覚的な契約書は、何のためにがんばっているのか、何時間がんばらなければならないのか、そして次の報酬はいつなのかを、自閉症の子どもが理解するのを助けてくれます。このシステムは完全には撤去してしまわない方がよいでしょう。私たちが、雇用されてから何年経っても、雇用主との契約書を捨てたりはしないのと同じです。包括的な取引を計画するためには、次のような質問がヒントになります。

### 完璧な契約にするために答えるべき質問

- 誰が報酬の種類を選択するか？
- 最初に報酬を決め、それから要求されたことを実行する。
- 再取引はできるか？

### 以下のことは、生徒に視覚的な形で示さなければなりません

- 何のためにがんばるのか？（実物、あるいはできればその実物を表す絵やシンボル。絵ならば、子どもが使っているPECSブックや強化子のメニューから選んでもよい）
- 報酬を得るために必要な作業量は？（トークンカードにある丸の数、カードを切り分けて作られたパズルピースの数など）
- 報酬が得られる頻度は？（トークンの交換の回数をスケジュールボードに示すことができます）
- 次の報酬日はいつか？（トークンカードに残っている空欄の丸の数に注目することで、子どもは次の報酬日を知ることができます）
- いつ休憩を取れるか？（「休憩」カードを、強化子カードの上に置いてもよいでしょう）

- 休憩についてのルールは？
- 休憩を何回取ることができるか？（これは利用可能な休憩カードの枚数によって決められます）
- 休憩の長さは？（カウントダウンタイマーをセットしましょう。子ども自身でセットすることもできます）
- 休憩中は何ができるか？（休憩場所には、どんな雑誌やその他のあまり面白くないものが用意されていますか？）

もし可能であれば、やるべき作業の内容も視覚的に表現してください（たとえば、算数、おもちゃの片付け、テーブルの準備、体育館への移動など）。

## 終わりに

　子どもに効果的なコミュニケーションを教えることは、専門家と両親双方にとってもっとも重要で価値ある目標の一つです。私たちはみな、子どもたちが上手に話せるようになることを望んでいます。しかし、本書を通して私たちが強調したかったことは、話し言葉を持たない子どもや大人でも、すばらしいコミュニケーションが可能だということです。こうした人たちが私たちに求めているものは、彼らの欲しい物を理解する忍耐力と、効果的なトレーニングプログラムを立案するスキル、そしてその人にもっとも適した形にアレンジできる柔軟性です。

　私たちは、読者のみなさんが各章末に記載した引用・参考文献にも関心を持ってくださることを願っています。この本の目的は、あなたが重要な道に向かって一歩踏み出すのを支援することです。私たちは、あなたがあなたの愛する人や共にがんばっている人と手を取り合ってその道を歩み、自立のときが来たらその手を放せることを願っています。私たちは、あな

たの努力と献身に対し、子どもが愛情のこもったさまざまな方法で応えてくれることを、心から願っています。

**引用・参考文献**
McClannahan, L. & Krantz, P. (1999). *Activity schedules for children with autism: Teaching independent behavior.* Bethesda, MD: Woodbine House.

# 用語解説

**強化子**　reinforcer
「強化（reinforcement）」は応用行動分析学のもっとも基本的な概念の一つで、ある行動の生起に随伴してある結果事象が起きることによって、その行動が将来起きやすくなるプロセスを意味しています。そして、ある行動の生起に随伴して提示されることによってその行動が将来起きやすくなるような刺激事象は強化子と呼ばれます。指導場面で強化子となる可能性の高いものは、子どもの好きな物や好んで行っている活動です。しかし、強化子は子どもによって異なり、一人ひとりについて何が強化子になっているかをアセスメントする必要があります。また、同じ強化子を使い続けると強化力が弱くなってしまいますので、指導場面では複数の強化子を用意しておく方がよいでしょう。さらに、その強化子の強化力が高まるような動機づけを工夫する必要があります。たとえば、好きな遊びであれば、指導の前にはその遊びを控えたり、好きな食べ物であれば、指導前にその食べ物を控え、またお腹がいっぱいのときには別の強化子を使うようにします。（本書の原著では、強化子と相互互換的に報酬〔reward〕という語が使われていますが、翻訳にあたってはできるだけ強化子と訳すようにしました。）

**時間遅延法**　time-delay technique
子どもに反応すべき刺激（弁別刺激）を提示し、一定の時間が経過した後にプロンプトを提示する方法。弁別刺激の提示からプロンプトの提示までの時間を遅延することによって、プロンプトを提示する前に適切な行動が起こるようにします。

### タイムアウト　time-out

子どもが困った行動を起こすと、その場面から一時的にその子を引き離す方法。子どもにとってその場面（たとえば、他の子どもと遊んでいる場面）は楽しい場面であり、楽しい場面から引き離されることは、困った行動を弱める効果を持つことが期待されます。具体的には、教室の隅にイスを置いておき、そこに一定時間（5分程度。その子がわめいたり怒鳴ったりしなくなる程度の時間）座らせておく方法や、落ち着くまで短時間別室に一人でいさせる方法などがあります。タイムアウトの実施については注意すべき事項もたくさんありますので、『行動変容法入門』（二瓶社）を参考にしてください。

### チャレンジング行動　challenging behavior

本人自身に害がおよんだり、周囲の人に迷惑になるような行動に対して、本書では、「チャレンジング行動（challenging behavior）」「問題行動（problematic behavior）」「行動問題（behavior problem）」という3つの用語が相互互換的に用いられています。問題行動は、本人や周囲の人にとって問題となっていることを意味し、行動問題は、行動上の問題であることを意味しています。しかし、チャレンジング行動という用語は、それらに加えて特別な意味も含んでいます。すなわち、障害のある人を支援する専門職は問題行動あるいは行動問題を一つのチャレンジとして受けとめ、障害のある人がそうした行動を起こさなくてもすむような状態に改善していくために最善の努力をしなければならない、というメッセージを含んでいるのです。それだけ、こうした行動の改善は容易ではなく、また本書でも述べられているように、その行動の意味（機能）をきちんと分析することが重要であることを強調しています。

### トークン　token

代用貨幣とも訳され、適切な行動が起きたときに与えられ、トークンが一

定数貯まると、その子どもの強化子（好きな物や活動）と交換されます。トークンは数えることができ、貯めることができればどのようなものでもよいのですが、子どもにとって興味を引きわかりやすいものとして、シールやスタンプがよく用いられます。トークンを用いて系統的な手続きで適切な行動を形成する方法は、「トークンエコノミー法（token economy）」と呼ばれます。

## プロンプト　prompt

適切な場面で適切な行動が起きやすくするために用いられる何らかの手助け。身体プロンプト（手を添えるなど）、言語プロンプト（言葉を添えるなど）、絵プロンプト（わかりやすい絵を付け加えるなど）、モデルプロンプト（お手本を示すなど）のような種類があります。指導場面では、子どもができるだけ自分の力で行動できるように、最小限のプロンプトを用いることが重要です。また、プロンプトを使用する場合には、徐々にプロンプトを小さくしたり軽くしていき、最終的にはプロンプトなしで適切な行動ができるようにします。このように、プロンプトを徐々に取り除く方法をフェイディング（fading）と呼んでいます。プロンプト・フェイディングが適切に行われないと、いつまでもプロンプトに頼って行動するという、プロンプト依存の状態になる危険性があります。

## 訳者あとがき

　本書は、「PECS（ペクス）」と呼ばれる「絵カード交換式コミュニケーションシステム（the Picture Exchange Communication System）」を共同開発したアンディ・ボンディ（Andy Bondy）博士とロリ・フロスト（Lori Frost）の共著で、第5章をパット・ミレンダ（Pat Mirenda）博士が特別寄稿し、2002年に米国の Woodbine House 社から出版されたものです。原著のタイトルは *A Picture's Worth: PECS and Other Visual Communication Strategies in Autism* です。

　著者のボンディ博士は応用行動分析学を専攻し、コミュニケーションをはじめとした自閉症の子どもの指導に長い経験を有している人です。フロストは言語聴覚士（speech-language pathologist）の資格をもち、コミュニケーション障害や重度のチャレンジング行動を示す子どもたちへの支援に、20年以上にわたって携わっています。このお二人は本書の中心テーマである PECS の共同開発者であるだけでなく、現在は、会社組織であるピラミッド教育コンサルタント社（Pyramid Educational Consultants, Inc.）の共同経営者でもあります。この会社は PECS の研修・普及活動を中心に、自閉症をはじめとした発達障害の子ども、保護者、教師に対するコンサルテーションなど、幅広い支援活動を精力的に行っています。詳細については、ピラミッド教育コンサルタント社の公式ホームページ（http://www.pecs.com/）をご覧ください。PECS に関する情報もたくさん掲載されています。

　第5章の「拡大・代替コミュニケーションシステム」の執筆者であるミレンダ博士は、現在、ブリティッシュコロンビア大学教育カウンセリング心理学・特殊教育学部の教授で、自閉症スペクトラム障害、拡大・代替コミュニケーション、発達障害、積極的行動支援を研究テーマにしています。

主著としては、本書でも第2版が引用されている *Augmentative and alternative communication: Supporting children and adults with complex communication needs. 3rd Edition.* があります。

さて、PECS は、話し言葉によるコミュニケーションに重度の困難のある自閉症をはじめとした子どもや大人に対する拡大・代替コミュニケーションシステムとして、近年わが国でもその注目度が増しているものです。訳者の研究グループでもこれまで、文献研究（小井田・園山・竹内, 2004）や事例研究（小井田・園山, 2000; Kondo & Sonoyama, 2005）などを行ってきました。他のコミュニケーション支援法と比較した場合のPECS の主な特徴は、本書でも述べられていることですが、以下の5点にまとめることができるでしょう（小井田・園山・竹内, 2004）。① PECS によるコミュニケーション行動は比較的短期間で教えることが可能で、その用具も持ち歩きが可能で、さまざまな場面で使うことができます。②日常生活の中で実際に使える機能的コミュニケーション行動がトレーニングに意図的に組み込まれており、実際の生活場面でも他者との相互作用が促進されやすくなります。③話し手（子ども）が聞き手（他者）に近づくことを必要とする訓練条件が設定されており、コミュニケーション行動を起こす前に、すでに子どもの方から他者への相互作用を始めています。④コミュニケーション行動の訓練の前提条件として、自閉症児にとって困難を伴う模倣や注視をそれほど必要としませんので、かなり早い時期から訓練を始めることができます。⑤話し手（子ども）の運動的な負担が小さく、聞き手（他者）も特別な知識を必要としません。

これらの特徴の他にも、本書ではいくつかのことが強調されています。その中でも特に注目されるのは、応用行動分析学の枠組みと技法がPECSの基礎にあるということです。たとえば、本書では、チャレンジング行動はコミュニケーション機能を果たしているものが少なくないことが解説されていますが、これは応用行動分析学における機能的分析あるいは機能的アセスメントの手法によって明らかにされてきたことです。そして支援方

法としては、子どもにとって必要なコミュニケーション機能を、チャレンジング行動によって果たすのではなく、社会的に適切で子どもが遂行可能なコミュニケーションスキルによって果たせるようにすることが推奨されます。PECS は、拡大・代替コミュニケーションシステム（AAC）の中でも、自閉症の子どもたちが獲得しやすいものと言えます。また、時間遅延法、プロンプト、シェイピング、強化など、PECS トレーニングの具体的な手続きの中でも、応用行動分析学の個々の技法が多用されています。

　また本書では、子どもたちの実例を具体的な形で示すことによって、PECS トレーニングの実際の様子や配慮すべきことがわかりやすく解説されています。PECS トレーニングでは（もちろん、その他のコミュニケーション支援でも）、子どもが絵カードを使ってコミュニケーションできるようになるだけでなく、それによって子どもの生活がどのように変わっていったかが、もっとも重要です。事例を読むことによって、この変化が実際にどのように起きていったかが理解できます。

　たしかに、要求は獲得しやすいが、コメントすることは難しい、ということはあると思いますが（小井田・園山，2005）、この点は今後の研究課題であるとともに、実践場面でも創意工夫が試されるところだと考えます。

　PECS の具体的な指導手続きについては、ボンディ博士とフロストが執筆しているトレーニングマニュアルを精読し、研修会等で技術を磨く必要があります。幸いにも、トレーニングマニュアルは、門眞一郎先生のグループによって日本語に翻訳されています。さらに、その基礎にある応用行動分析学についても、基本的知識の習得が必要でしょう（この点については、園山他訳『行動変容法入門』［二瓶社］が参考になります）。

　また、関心のある読者は、AAC に関する参考図書にも当たってほしいと思います。本書では、PECS だけでなく、第 5 章においてさまざまな AAC システムが簡潔に紹介されています。AAC の具体的な適用の仕方については、わが国でも多くの研究がなされ、参考となる書籍も多数出版されています。その一部を以下に挙げておきましたので、参考にしていた

だきたいと思います。

　最後になりましたが、本書の出版をお引き受けいただいた二瓶社の吉田三郎社長、ならびに細かく校正をしていただいた駒木雅子さんに感謝いたします。本書の出版によって、貴重な情報を多くの人々が入手しやすくなったことと思います。そして、それを通して、多くの子どもたちとそのご家族が利益を受けられることを、心から願ってやみません。

2006年1月20日　　筑波山を望みて

園山繁樹

**引用文献**

フロスト, L. & アンディ, B. 著, 門眞一郎監訳（2005）『PECSトレーニングマニュアル――日本語版』それいゆ出版部.（原著: Frost, L., & Bondy, A.〔2002〕*The Picture Exchange Communication System Training Manual, 2nd Edition.* Pyramid Educational Products, Inc., Delaware.）

小井田久実・園山繁樹（2005）「自閉性障害幼児に対するPECSによるコミュニケーション指導に関する事例検討」行動分析学研究, 19(2), 161-174.

小井田久実・園山繁樹・竹内康二（2004）「自閉性障害児に対するPECSによるコミュニケーション指導研究――その指導プログラムと今後の課題――」行動分析学研究, 18(2), 120-130.

Kondo, M. & Sonoyama, S. (2005). Increasing communication skills with tact by use of PECS. Poster presented at the 3rd International ABA Conference: Beijing, China.

園山繁樹・野呂文行・渡部匡隆・大石幸二訳（2006）『行動変容法入門』二瓶社（原著: Miltenberger, R. G.〔2001〕*Behavior Modification: Principles and Procedures, 2nd Edition.* Belmont, CA: Wadsworth.）

**AACに関する参考図書**

安藤忠編（1998）『子どものためのAAC入門』協同医書出版社

藤澤和子・林　文博・井上智義監修（2004）『視覚シンボルによるコミュニケーション・日本版PIC絵カード集』ブレーン出版

中邑賢龍（2002）『AAC入門（改訂版）――拡大・代替コミュニケーションと

は──』こころリソースブック出版会
坂井　聡（2002）『自閉症や知的障害をもつ人とのコミュニケーションのための10のアイデア』エンパワメント研究所
「特別支援教育におけるコミュニケーション支援」編集委員会（マジカルトイボックス・チャレンジキッズ研究会）編著（2005）『特別支援教育におけるコミュニケーション支援』ジアース教育新社
津田　望（1998）『入門　新・ことばのない子のことばの指導』学研

## 訳者紹介

**園山繁樹**（そのやま・しげき）

筑波大学人間系／教授
博士（教育学）／自閉症スペクトラム支援士（EXPERT）、専門行動療法士、臨床心理士、臨床発達心理士
担当：序、第1章、第2章、第3章、第4章、第5章、監訳、用語解説
主著訳：「自閉性障害の理解と援助」（共編著，コレール社）、「行動障害の理解と援助」（共編著，コレール社）、「挑戦的行動と発達障害」（監訳，コレール社）、「挑戦的行動の先行子操作」（共訳，二瓶社）、「入門・問題行動の機能的アセスメントと介入」（単訳，二瓶社）、「行動変容法入門」（監訳，二瓶社）


**竹内康二**（たけうち・こうじ）

明星大学人文学部心理学科／准教授
博士（心身障害学）、臨床心理士
担当：第6章、第7章、第8章
主論文：A case study of examining the effects of self-monitoring on improving academic performance by a student with autism. *The Japanese Journal of Special Education, 38,* 105-116, 2001、Intensive Supervision for Families Conducting Home-based Behavioral Treatment for Children with Autism in Malaysia. *The Japanese Journal of Special Education, 39*(6), 155-164, 2002、「発達障害児の教科学習を支えるセルフモニタリング」特殊教育学研究, 41, 513-520, 2004.

自閉症児と
## 絵カードでコミュニケーション
— PECS と AAC —

|  |  |
|---|---|
| | 2006年7月31日　第1版　第1刷 |
| | 2015年6月10日　　　　　第5刷 |
| 著　者 | アンディ・ボンディ |
| | ロリ・フロスト |
| 訳　者 | 園山繁樹 |
| | 竹内康二 |
| 発行者 | 宇佐美嘉崇 |
| 発行所 | ㈲二瓶社 |
| | 〒125-0054　東京都葛飾区高砂5-38-8岩井ビル3F |
| | TEL 03-5648-5377　FAX 03-5648-5376 |
| 印刷所 | 亜細亜印刷株式会社 |

ISBN 978-4-86108-034-0 C3037

装幀・森本良成